KB199679

여성의 일, 새로고침

여성의 일, 새로고침

대한민국 일하는 여성들이 함께 나눈
여섯 번의 이야기

곽정은
김희경
김현정
장영화
은수미

놀다 롤링다이스

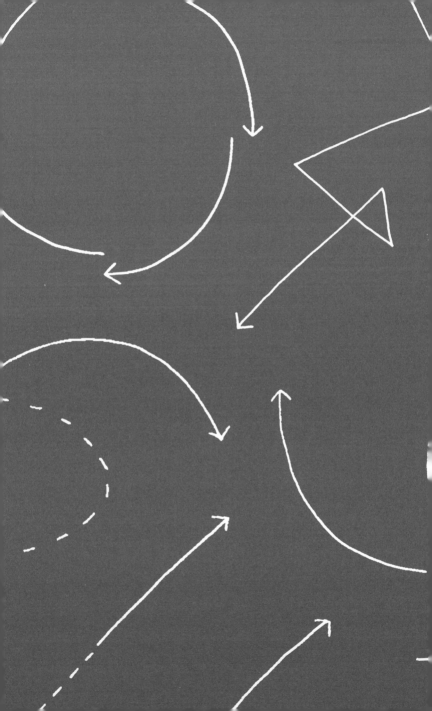

차례

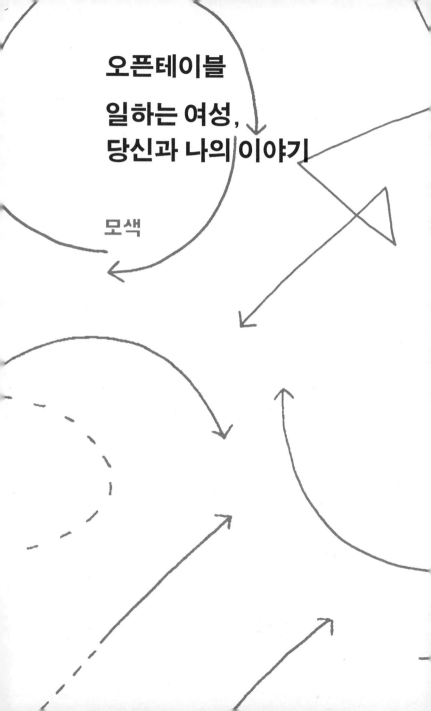

오픈테이블

일하는 여성, 당신과 나의 이야기

모색

"이 자리에 와서 다양한 여성상을 보고 싶었어요. 40~50 대 일하는 여성은 어떻게 생겼는지도 모르겠더라고요. 저는 대학 졸업하고 대형 마트에서 아르바이트를 하는데요. 마트에서 일하는 나이 든 여성분들은 전부 이름 없는 '어머님'이에요. 이분들 말고 관리직들을 보면 전부 남자고요. 오늘 뵌 본부장님이 제가 만난 가장 '높은' 여성이에요."

기획 대담 〈여성의 일, 새로고침〉의 두 번째 만남이었던 김희경 전 세이브더칠드런 본부장과의 자리에서 한 청중이 전한 말입니다.

젠더 차별의 문제가 뜨거운 이슈로 떠오른 2016년 대한민국, 여성들은 예전에도 일해 왔고 지금도 일하고 있습니다. 여성은 어디에서나 일하고 있지만 일하는 여성의 이름은 대개 숨겨져 있고, 그들의 이야기는 성공의 이야기로 남지 않습니다. 군이 '경력단절'이나 '유리천장' 같은 말을 끄집어 오고 통계치를 들이밀지 않아도 얼마나 많은 여성의 일이 진짜 일로 인정받지 못하는지, 또 진짜 일로 인정받는 세계에서라면 나이가 들수록 여성을 찾기가 얼마나 어려운지 우리는 잘 알고 있습니다.

이 책은 유난히 무더웠던 2016년 여름, 여섯 번에 걸쳐 이뤄진 만남을 토대로 만들어졌습니다. 7월 20일 서른 명의 일하는 여성이 모인 오픈테이블을 시작으로, 이후 다섯 번에 걸쳐 김현정 CBS PD, 김희경 전 세이브더칠드런 본부장, 《혼자의 발견》을 쓴 곽정은 작가, 장영화 OEC 대표

그리고 은수미 전 국회의원과의 대담이 이어졌습니다. 이 여섯 번의 만남을 기획한 협동조합 롤링다이스는 자신의 일을 고민하는 여성들이 서로를 발견하고 존재를 확인하며, 고민을 나누고 나아갈 길을 함께 모색해 볼 수 있기를 바랐습니다.

그런 의미에서 〈여성의 일, 새로고침〉은 강연자의 이야기를 듣는 것으로부터가 아니라, 참가자들이 자신의 이야기를 먼저 말하는 것으로부터 출발했습니다. 첫 테이프를 끊는 자리였던 오픈테이블에 모인 서른 명 여성의 이야기는 우리 사회의 일하는 여성이 얼마나 다양한 양상으로 분투하고 있는지 보여 주었습니다. 가지각색 '알바'를 전전하며 미래를 준비하는 20대부터 여성주의 커리어를 연구하신다는 50대까지, 결혼하고도 일할 수 있을까 고민하는 싱글부터 언제나 일과 육아 사이에서 죄책감에 시달리는 초보 엄마나 이제 연애를 시작한 아들을 두었다는 어머니까지, 정말 다양한 분들이 자신의 삶 속 일 이야기를 나눠 주었습니다. 그 자리에서 오갔던 이야기를 여러분과 나누는 것으로 이 책의 문을 열고 싶습니다.

일하는 '여성'임을 자각한 순간들

일하는 여성이 자신을 언제나 '여성'이라고 자각하면서 일을 하지는 않습니다. 실은 대부분이 그저 '사람'으로서 일을 할 뿐입니다. 그런 일상 속에서 문득 내가 어쩔 수 없이 여성이구나, 하고 자각을 하게 되는 순간들이 있죠. 그런 순간들은 대부분 기쁘게 오지 않습니다.

"엄마는 늘 저에게 전문직 여성이 되라고 하셨어요. 엄마는 아이 셋을 키우면서 자신을 지키고 싶어 대학원을 가기도 했는데, 임신한 채로 논문을 쓰느라 고생하셨다고 해요. 엄마가 멋있다고 생각하면서도 그렇게 엄마처럼 악착같이 사는 게 어느 순간 싫어지더라고요. 그래서 일 앞에서 좀 위축이 되었던 것 같아요. 나서지 말자, 욕심내지 말자, 지치지 않게 하자. 이런 생각을 한 거죠."(20대)

"저는 공연 현장에서 일할 때 느끼는 짜릿함이 너무 좋아요. 작년에 공연 올리고 조명 일을 처음 하면서 정말 좋았는데, 외국인이었던 조명 디자이너 선생님 앞에서 나도 모르게 '내가 여자라서 조명 일을 할 수 있을지 모르겠다'는 말을 하고 말았어요. 아니라고 생각했지만 이미 세상의 차별을 수긍하고 있었던 게 아닐까 생각하게 됐어요. 미래를 선택할 때, 여자로서 어디까지 갈 수 있을까 처음부터 두려워하는 것 같아요."(20대)

일하는 여성이 부딪치는 가장 큰 장벽은 바로 '아이냐, 일이냐'의 선택일 겁니다. 가족 제도 안에 진입해 아이를 낳는 순간, 여성은 끊임없이 엄마인가 일하는 사람인가 사이에서 혼란을 겪습니다. 이 혼란을 넘어 계속 일하려면 다른 여성의 온전한 희생, 혹은 꽤 괜찮은 경제적 기반, 그도 아니면 개인의 엄청난 의지가 필요합니다. 더구나 그럴 수 있을 때조차 엄마 되기와 일하기 양쪽 모두 '사회적 기준'에 맞춰 완벽하게 해내는 일은 언제나 불가능합니다.

"결혼을 앞두고 고민이 많아지는데, 엄마는 제가 아이를 낳으면 키워 주겠다고 하세요. 나는 엄마가 고생하는 건 싫다고 얘기했지만, 그럼 나에게 다른 대안이 있나 싶어요."(20대)

"일을 하면서도 아이를 낳아 키우고 싶다는 마음은 잘못된 게 아니잖아요? 그런데 사회는 애도 잘 키우고 싶고 일도 하고 싶다면, 너무 욕심이 큰 거라고 하죠. 육아 휴직을 무조건 3년 주겠다는 이야기를 들으면, 그건 아니다 싶어요. 3년 쉬고 복귀하는 게 얼마나 어려운데요. 여자에게만 그런 게 가능하면, 또 여자만 선택의 기로에 놓이게 되잖아요. 일할 거야, 애 키울 거야? 자기 스스로 일하는 시간을 어느 정도 조절할 수 있기를 바라지, 무조건 쉬게 해주는 걸 바라는 게 아니에요. 근데 자꾸 여성을 선택의 기로에 몰아넣는 거죠. 너 일할 거야, 육아할 거야? 이런 식으로. 남자들은 그런 선택을 하지 않잖아요."(30대)

"일을 하다 보면 가족에게 죄를 짓는 것 같은 기분이 항상 따라와요. 저는 사회에 기여하겠다고 일하는데, 집에서는 그것 때문에 손해 보는 사람이 있는 것 같은……. 아이에게 문제라도 생기면 엄마가 제대로 돌봐 주지 않아서라고들 얘기하죠. 부정하지도 못하겠어요. 왜 문제가 생겼는지 알 수 없는 일이니까요. 내가 왜 죄책감을 품고 일해야 하나, 이 의문을 풀지 못하겠다는 점이 힘들어요. 일 자체보다는 주위의 시선들이 더 힘듭니다."(30대)

일하며 살아가는 것이 힘든 건 결혼과 아이를 선택한 여성만이 아닙니다. 비혼으로 사는 이들은 '정상'에서 벗어난 존재라는 시선에 너무도 빈번히 맞닥뜨립니다.

"제 주변에는 결혼하지 않은 친구들이 거의 없고, 그래서 비혼으로 잘 살아가는 여성의 모델을 정말 찾아보기 힘들어요. 홀로 자기 인생을 꾸려 가도 생애 주기에 있어 도태된 사람으로 취급받지 않는 사회가 되었으면 좋겠어요. 그런 롤모델을 어떻게 만들어 가면 좋을지, 어디에서 찾을지 이야기를 듣고 싶어요."(30대)

이뿐만이 아닙니다. 일상 속의 아주 기초적인 안전조차 위협받는 상황이 여성의 일을 가로막기도 합니다.

"저는 경기도 소도시에 사는데, 집에 돌아가는 밤길이 무서워요. 그런데 저희 팀 남자 직원들 사이에 '의리 야근'이라는 게 있다고 하더라고요. 저는 집이 멀고 가는 길이 험하니까 빨리 일을 끝내고 퇴근하는데, 다른 직원들은 의리 야근을 하면서 '으쌰으쌰' 하는 분위기를 만드는 거죠. 이걸 알고부터는 퇴근할 때마다 의식이 되고 마음이 불편해요. '강남역 사건' 이후로 저는 길에서 내가 죽을 수도 있다는 생각이 들기도 하거든요. 그런 일이 실제적인 위협으로 다가오는 거예요."(20대)

어려웠던 시작을 헤쳐 나가고 결혼과 함께 찾아온 선택의 압박을 견디며 제법 오래 버틴 사람에게도 여전히 현실은 녹록지 않습니다. '유리천장'은 다양한 방식으로 일하는 여성을 짓누릅니다.

"외국계 회사에서 오래 일해서 조직 내에서는 별다른 젠더 차별을 느끼지 않았어요. 그런데 한국 회사 사람들을 상대해야 할 때가 문제였죠. 시니어가 될수록 접대 문화에 자꾸 부딪치는 게 괴로웠어요. 여자가 나오는 술집에 함께 앉아 있는데, 내가 여기서 뭘 하고 있나 하는 자괴감이 들더라고요."(40대)

"전 컨설팅 사업을 하는데요, 여자 대표는 훨씬 더 노력을 해야 받아들여져요. 여자가 대표인 회사는 믿을 수 없다, 대표가 남자인 회사에 일을 맡겨야 자신이 편하다는 얘기를 하는 담당자도 있고요. 그러면서 차라리 남자가 대표로 있는 곳에 들어가 그 아래서 일을 하라는 권유까지 하더라고요. 일 때문이라 해도 여자와 일대일로 만나는 게 부담스럽다는 사람도 있고, 거꾸로 일 때문에 통화를 하는데 '아리따운 목소리의 여성과 통화를 하니 좋다'는 소리를 하는 사람도 있어요."(40대)

"저는 출판사에 다니는데, 전체적으로 여성이 많아서 대화도 잘 통하고 회식도 낮에 해요. 이런 분위기가 너무 좋지만 한편으로는 다른 무기력감이 있어요. 여성이 아무리 많아도 조직의 중책에는 들어가지 못하는 거죠. 여성이 훨씬 많은데도 편집장이나 본부장, 이런 자리는 다 남자들 차지거든요. 육아나 결혼으로 경력이 단절되는 선배들을 보면, 전 결혼을 하지 않을 생각인데도 불구하고 굉장히 답답해요. 이 시스템은 대체 왜 이럴 수밖에 없을까 싶으면서, 조직 생활 자체에 회의를 느끼게 됩니다."(30대)

오픈테이블에 모인 여성들에게서 연대 의식을 향한 갈증도 느낄 수 있었습니다. 형편이 좀 나은 여성들조차 자신의 형편이 아주 예외적인 행운 덕이라는 것을 인식하고 있었습니다. 그들은 그들대로 뒤에 올 사람들을 위한 고민,

그리고 고민과 행동을 함께 나눌 동료를 만나고 싶다는 바람으로 그 자리에 함께하고 있었습니다.

"저는 주로 외국계 회사에서 일했고, 지금은 조그만 조직이지만 대표 직함을 달고 있어요. 여러 가지 면에서 일하는 여성으로서 운이 좋았죠. 주변의 정신적 지지도 있었고, 경제적 기반도 있었고요. 그런데 후배들에게는 어떻게 하라고 해줄 말이 정말 없는 거예요. 제 딸이 자라서 무슨 일을 하고 싶어 할지 모르는데, 아이가 저처럼 운 좋은 상황에 놓일 수 있을까 걱정도 되고요. 제가 누리는 것이 제가 잘해서 얻은 게 아니기 때문에, 이걸 어떻게 보편적으로 풀어서 후배들이나 나의 딸도 누릴 수 있게 할까 고민하고 있습니다."(40대)

"일을 시작할 때는 여자가 많았는데, 지금 제 또래의 여자는 정말 많이 줄었어요. 나이가 들고 위로 올라갈수록 여자가 없고 동료조차 점점 줄어요. 가끔은 외롭다는 생각도 들죠. 맞벌이 시작할 때는 그때의 고민이 있었는데, 지금 고민의 양상은 또 다르거든요. 근데 그걸 나눌 사람이 없는 거예요. 어렸을 때는 이게 젠더 문제인지도 모른 채 그저 현실을 돌파하느라 바빴고, 이제야 젠더 문제가 어떻게 작동하는지 보이는데 이야기할 사람이 별로 없더라고요." (40대)

"사업을 접지 않았다면 11년차 사업가라고 오늘 저를 소개할 수도 있었을 거예요. 사업하는 동안 첫아이를 낳았는데 아이 낳고 90일 만에 출근을 했어요. 그땐 전혀 힘들지 않았어요. 공중화장실에서 변기 뚜껑을 내리고 그 위에 앉아 젖을 짜면서도 아무 문제의식을 느끼지 않았어요. 이걸 왜 다른 사람은 못 하지? 뭐가 문제지? 오히려 이렇게 생각했죠. 그러다가 문득 이런 생각이 든 거예요. 내 딸에게 이 직업을 권할 수 있을까? 그러고서 주위를 둘러봤더니, 주변에 여자 사장은 하나도 없더라고요. 복도에서 마주치는 거의 모든 사람이 남자였어요. 출근해서 마주치는 여성은 화장실 청소 해주시는 아주머니가 거의 유일했어요. 그래서 문제의식을 가지고 공부를 시작했고, 인사 관리나 노동자의 문제에도 관심을 기울이기 시작했어요."(30대)

말할 수 있기, 거기에서부터 시작

그 뒤로 5주에 걸쳐 이어진 대담은 오픈테이블에서 봇물 터지듯 쏟아져 나온 이야기에 대한 응답이었습니다. 쫓기듯 결혼했다가 다시 홀로서기를 결정하는 과정에서 자신의 일이 어떤 의미인지 새롭게 발견하게 되었다는 곽정은 작가의 이야기는 특히 비혼 참여자들의 깊은 공감을 이끌어냈습니다. 결혼 제도, 가족 제도로의 편입이 당연한 필수 과정이 아니라 개개인의 선택이어야 한다는 말은 모두를 자유롭게 해주는 이야기가 아니었을까 싶습니다.

"혼자 사는 여자, 아이 없는 여자는 이 사회에서 무언가 결핍된 존재로 여겨지는 것 같아요. 저는 결혼 제도 바깥에서도 사랑하며 행복하게 살 수 있는 모습을 보여 주는 사람이 되고 싶어요."

18년의 신문 기자 생활을 접고 NGO로 자리를 옮긴 김희경 전 본부장은 "내가 오늘 나누려는 것은 실패담"이라는 말로 이야기를 시작해, 남성 중심의 보수적인 조직에서 여성이 훨씬 많은 유연한 조직으로 옮겨 일하면서 자신의 젠더 의식이 어떻게 변화했는지 가감 없이 털어놓았습니다. 젠더 고정 관념으로부터 자유로운, 그리하여 건강한 야심을 가진 여성들을 더 많이 만나기를 바란다는 마지막 이야기를 통해 모두가 자신의 일을 새로이 돌아보게 되었습니다.

김현정 PD는 두 아이의 엄마이자 아침 시사 프로그램 라디오를 이끌어 가는 16년차 방송인으로서 하루하루가 정말 힘든 나날이라고 털어놓았습니다. 어떻게 일하며 살면 좋은지, 자신에게 답은 없지만 이 자리에 모인 분들의 손을 잡고 싶었다는 이야기가 따뜻한 환대로 다가왔습니다.

"매일같이 새벽 4시에 하루를 시작해야 하니 부모님 칠순 잔치쯤 되지 않으면 저녁 일정을 전혀 잡지 않아요. 그럼에도 이 자리에 와달라는 요청은 흔쾌히 수락했습니다. 모인 분들의 손을 잡고 싶었어요."

창업을 통해 일과 가정의 양립이 가능한 일의 모델을 스스로 만들어 낸 장영화 대표는 엄마의 일도 엄연한 직업이며 커리어라고 힘주어 이야기했습니다. 세상이 좋다고 얘기하는 것이 아니라 스스로 원하고 믿는 것을 자신의 일로 만드는 다양한 방법을 주도적으로 모색해 보자는 장영화 대표의 제안에 일하는 자신의 미래를 새로이 상상해 본 분들이 많았을 것입니다.

마지막 자리를 채워 주신 분은 은수미 전 의원이었습니다. 정치인이라는 직업에 이르기까지의 이력만큼이나, 대담을 채워 주신 이야기 역시 뜨거웠습니다.

"우리 세대는 여성에 대한 차별이 만연한 시대를 지나왔습니다. 그 시대에서 살아남는 방법을 생각했지, 솔직히 말하자면 그걸 넘어서고 싸우겠다는 생각을 하지 못했어요. 그 싸움이 우리 시대에 허락된 것이 아니라고 포기했습니다. 그 포기가 옳았다고는 확신하지 못하지만, 적어도 그게 포기였다는 사실만은 인식하고 있습니다. 그렇기 때문에 다음 세대에 무엇이 남겨졌는지도 알고 있습니다. 그래서 다음 세대까지 그걸 포기하는 것은 보고 싶지 않아요. 이제는 거기에서 새로운 시대정신이 나올 수도 있다고 생각합니다. 다음 세대의 싸움을 지원하고 돕고 싶습니다."

지금의 20~30대는 여성과 남성은 평등하다고, 똑같이 일하고 자아를 실현하라고 배우며 자랐습니다. 그렇지만 일하는 사람으로 사회에 발을 내딛는 순간부터 여성의 일은 여전히 사회적 편견, 구조적 차별과 싸워야 하는 분투의 연속입니다. 2016년에도 차별의 현실은 여전합니다. 여성은 남성의 63퍼센트에 불과한 임금을 받으며 일을 하고, 대부분의 조직에서 유리천장은 여전히 견고합니다. 대한민국의 '유리천장 지수'는 OECD 29개 국가 중 4년 연속 꼴찌입니다. 일하는 여성이 처한 현실은 이렇게 험하지만, 여섯 차례에 걸쳐 모인 여성들이 그저 한탄만 했던 것은 아닙니다. 머리를 맞대고 서로의 존재를 확인하며, 더 나은 미래를 소망한 그 시간들이 함께했던 분들에게 에너지가 되었으리라 믿습니다.

이 글을 읽는 당신도 혹시 일하는 여성이신가요? 그렇다면 여성으로 일하면서 어떤 기쁨을 느끼고, 또 어떤 곤란에 부딪치고 계신가요? 그 이야기를 나눌 수 있는 동료가 당신 가까이 있기를 바랍니다. 그리고 이 책이 당신에게 마치 그런 동료처럼 여겨지기를 바랍니다. 함께 이야기할 수 있다는 점으로부터, 일하는 여성으로 자신만의 이야기를 써 내려가는 여성의 존재들로부터 변화가 생겨나리라 믿습니다. 당신에게 손을 내밀고 싶습니다.

곽정은

홀로 선 뒤에 알게 된 일의 가치

칼럼니스트이자 작가. 2002년부터 2014년까지 《코스모폴리탄》, 《싱글즈》의 피처 에디터로 일했다. JTBC 〈마녀사냥〉에서 연애에 관한 조언을 전하는 역할로 활약했으며, 《내 사람이다》, 《혼자의 발견》 등 총 일곱 종의 책을 출간했다.

그의 커리어는 서른 살 이전과 이후로 완벽히 나뉜다. 갑작스럽게 진행된 결혼과 필연적이었던 이혼, 막중한 수업료를 내고 나서 깨달은 것은 일의 소중함과 여성으로서의 자존감 그 자체였다. 가장 불행한 순간 가장 큰 진실을 깨달은 사람의 진솔하고 당당한 자기 고백.

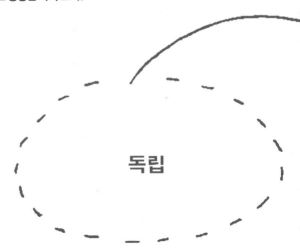

독립

박태근(이하 박) 기획 대담 〈여성의 일, 새로고침〉에 함께해 주신 여러분 반갑습니다. 저는 진행을 맡은 박태근입니다. 오늘은 '독립'이라는 키워드로 곽정은 작가님과 함께할 텐데요. 먼저 '홀로 선 뒤에 알게 된 일의 가치'라는 주제로 강의를 해주실 거고요, 강의를 듣고 나서는 여러분이 오픈테이블에서 함께 나눠 주신 질문들을 바탕으로 제가 작가님과 대화를 나누고, 마지막으로 청중분들과도 이야기 나누는 시간을 가지겠습니다. 그럼 곽정은 작가님을 박수로 모시겠습니다.(박수)

곽정은(이하 곽) 안녕하세요, 곽정은입니다. 저는 오늘 독립이라는 주제로 이야기를 할 텐데요, 무엇보다 이 주제로 이야기할 수 있게 되어 기쁘고 감사한 마음입니다. 제 인생을 찬찬히 돌아봤을 때, 독립이라는 주제만큼 정확히 들어맞는 것도 없겠다는 생각이 들었거든요. 여성들이 함께 모여 삶에 대해 이야기하고 연대하는 것에 대해 생각해 보는 시간을 항상 기다려 왔는데, 오늘이 바로 그런 시간이 될 것 같아 저도 많이 설렙니다.

저의 어린 시절 이야기로 시작해 볼까 합니다. 저희 부모님은 작은 페인트 대리점을 운영하셨는데, 어릴 땐 부모님과 함께 가게에 있는 시간이 많았어요. 그래서 가끔 아버지의 혼잣말을 들었던 기억이 납니다. 여자 손님이 오시면 꼭 하시는 혼잣말이 있었거든요. "하필 아침부터 재

수 없게 여자가 왔어." 그 말을 몇 번쯤 듣고 나니 어린 마음에 걱정이 되더라고요. '여자는 왜 재수가 없지? 나도 여잔데 그러면 어떻게 하지?' 내가 단지 여자이기 때문에 어느 시점에는 폐 끼치는 존재가 될 수 있다는 씁쓸한 자각, 그걸 초등학교도 들어가기 전에 아버지의 혼잣말을 통해 느끼게 된 거죠. 너무 조숙했나요.(웃음) 최소한 뭔가 적극적으로 나서지는 말아야겠다, 그냥 조용히 지내는 게 좋은 건가 보다, 그런 생각을 저도 모르게 당연한 것으로 받아들였던 것 같아요. 이제 와서 아버지의 생각을 비난하고 싶어서 꺼낸 이야기는 아니에요. 아버지는 그 전 세대부터 이어진 불필요하고 부당한 편견을 의심 없이 받아들인 그냥 보통 사람이었다고 생각해요. 아버지만 그랬던 게 아니라 어머니도 저에게 여자라는 존재에 대해 이런저런 이야기를 자주 하셨던 기억이 납니다. 지금 돌이켜 보니, 주로 부정적인 이야기들이었어요. "너는 여자애가 왜 이렇게 밥을 많이 먹냐."(웃음) "너는 여자애가 왜 그렇게 무뚝뚝하고 애교도 하나 없냐." 이런 이야기들이었죠. '나는 보통 여자애랑 다르구나, 앞으로 나 어떻게 하지?' 그런 생각을 종종 하곤 했습니다.

이렇게 저의 여성으로서의 첫 자각은 굉장히 부정적인 것이었어요. 여자이기 때문에 잠자코 있어야 하고, 여자이기 때문에 아침 일찍 돌아다니면 안 되고, 여자이기 때문

에 조금만 먹어야 하고, 많이 웃어야 하고⋯⋯. 이런 편견
들 속에서 성장한 거죠.

시작이 너무 슬픈가요.(웃음) 태어나고 자란 환경을 선택
할 자유는 없었지만, 성인이 되어서는 직업을 선택할 자유
가 생겼어요. 지금 생각해 보면 저의 직업이 제가 여성으
로서 뒤늦게나마 긍정적인 자각을 하고 움츠렸던 마음을
펼 수 있게 되는 데 많은 영향을 끼쳤다고 생각합니다. 지
금은 그 어느 때보다도 저의 여성성, 제가 여성으로 산다
는 것에 큰 가치를 두고 있고요. 이제 제가 인생에서 경험
한 독립의 순간들에 대해 이야기하려고 하는데요, 그 첫
번째가 바로 방금 말씀드린, 제가 선택한 직업에 대한 이
야기입니다.

나는 부끄러움 없이 내가 쓰고 싶은 것을 쓰기로 했다

저는 1997년에 대학에 들어가서, 2002년에 졸업을 했어요.
IMF가 지나도 취업은 매해 어려운 상황이었기 때문에 제
가 취업을 준비하던 그해에도 신문은 매일 '사상 최악의 취
업 대란' 이런 헤드라인으로 장식되던 그런 상황이었습니
다. 아주 삭막한 분위기였죠. 그래도 저는 학점도 좋은 편
이었고 토익도 900점이 넘었기 때문에, 어디 내가 들어갈
곳 하나 없겠나 하는 생각을 하고 있었어요. 그런 마음으
로 당시 60군데에 입사 지원서를 넣었지만 60군데 전부 서

류 전형에서 탈락해 단 한 군데도 면접을 보지 못했습니다. 엄청 괴로웠어요. 어른들이 하라는 대로 열심히 공부하고 대학까지 다녔는데 정작 사회에서 내가 발붙일 자리가 없다는 것이 그렇게 큰 좌절로 다가오더라고요. 당황스러웠던 건 남학생들은 그래도 저보다는 면접 기회를 많이 잡고 있다는 것이었습니다. '왜 나보다 학점이 나쁜 저 친구가 먼저 취직을 하지?' 그건 기업이 남자를 더 선호하기 때문이죠. 좌절의 와중에도 천만다행히 예순한 번째로 지원한 잡지사에 입사를 하게 된 것이 제 커리어의 시작이었습니다. 사실 하도 서류에서 낙방을 하니까 아버지는 저에게 여군을 가라고 강력히 권유하셨고(웃음) 저도 우울한 마음에 정말 그렇게 해볼까 생각도 했었는데, 지금 생각하면 그 순간만큼은 어른이 시키는 대로 하지 않고 내가 좋아하는 일을 어떻게든 찾으려고 애썼던 것 역시 하나의 독립이라 이름 붙일 수 있지 않을까 생각합니다.

잡지사에 입사를 하면 주로 세 가지 선택의 길이 있어요. 패션 화보를 만들고 국내외 패션쇼를 취재하는 패션 에디터, 메이크업 트렌드를 분석하고 뷰티 화보를 만드는 뷰티 에디터, 아니면 그 외의 읽을거리 전부를 취재하는 피처 에디터, 이렇게 세 가지입니다. 사실 잡지사에서 가장 화려하고 폼 나는 건 패션이나 뷰티 에디터라는 사실을 분위기로 대충 알고 있었지만 저는 이야기를 전하는 사람이 되고 싶었어요. 제품을 다루고 트렌드를 말하는 것도 멋지지만, 사람들을 만나고 내 생각을 이야기하고 그렇게 세상에 내 존재를 드러내는 일이 훨씬 매력적이라고 생각했거든요. 그래서 피처 에디터가 되기로 마음먹었습니다.

피처 에디터로 일하면서 굉장히 다양한 이야깃거리들을 취재하고 기사를 썼어요. 막내 기자 시절엔 새로 생긴 식당이나 상점, 신인 연예인 취재가 많았고, 신입 티를 조금 벗기 시작할 때쯤 본격적으로 커리어나 연애처럼 삶의 중요한 고민거리에 대한 기사들을 맡게 됐습니다. 실제로 20대 중반에 들어선 저 자신의 고민들이기도 했죠. 취재를 하려고 전문가를 비롯해 정말 많은 사람들을 만나고, 그 과정을 저의 시선으로 녹여서 하나의 완성된 기사로 만들어 내는 일이 정말로 매력적이었습니다. 특히 연애 기사를 쓸 때 제일 신이 났고, 내가 봐도 참 잘 썼다 싶은(웃음) 기사를 만들어 냈죠. 연애 기사라고 하면 사람들마다 가진 인상이란 게 있을 텐데요, 말씀드리고 싶은 건 연애 기사는 단지 연애 잘하는 법이나 남자를 유혹하기 위해 필요한 테크닉에 대한 기사가 아니에요. 많은 사람들이 연애는 나이가 들면 자연스럽게 해결되는 것이라고들 생각하지만 나를 발견하지 못한다면, 스스로 마음의 독립을 이루지 못한다면 결코 쉽지 않은 과제일 수밖에 없어요. 내가 좋아하는 사람과 좋은 관계를 지속하길 원한다면 나한테 어떤 게 필요한지, 충만한 사랑을 하고 싶은데 매번 실패한다면 그 이유가 무엇인지, 이런 걸 취재하고 글로 쓰면서 저의 지난 시간도 돌아보고 관계라는 것에 대해 새롭게 눈을 뜨게 된 거죠.

연애 이야기를 쓰자니 섹스 이야기가 빠질 수 없었는데요, 그것 때문에 참 별스러운 시선도 많이 받았습니다. 섹스 이야기를 그렇게 아무렇지 않게 기사로 쓰다니 한때 놀아 본 것 아니냐, 대단히 개방적인 여자일 것이다, 뭐 그런 편견들요. 그럼 어떻고, 또 아니면 어떤가요? "너 이러다 나중에 시집 못 간다"는 소리는 주변에서 수도 없이 들었어요.

한번은 이런 일도 있었어요. 소개팅 에피소드인데요, 작고 어두침침한 레스토랑에서 파스타를 먹으며 즐겁게 얘기를 하고 있었죠. 그러다 레스토랑 구석에 있던 《코스모폴리탄》을 발견했어요. "제가 쓴 기사 보고 싶지 않으세요? 저기 책이 있는데 갖고 올까요?" 해서 딱 펼쳤는데, 하필이면 '남자의 진짜 성감대를 해부한다!'(웃음) 이런 제목의 기사가 나온 거예요. 기자 한 명이 한 달에 보통 열 개 이상의 기사를 쓰는데, 하필이면 그 기사가……. 화기애애했던 분위기는 급속히 냉각되었어요. 그 남자도 적잖이 놀랐던 것 같아요. '아니, 대체 이런 기사를 쓰는 여자의 과거는?'(웃음) 그런 말풍선이 머리 위에 떠 있는 것처럼 보이더라고요. 아마 그때 처음으로 갈등을 느꼈던 것 같아요. 내가 쓰고 싶은 기사였고, 나는 이게 여성의 행복이나 나의 행복과 관련이 있는 카테고리라고 생각하며 전문성을 키워 왔는데, 섹스를 자유롭게 말하고 쓰는 여자는 남자들에게 환영받지 못하는구나, 아 이거 어떻게 하지? 나는 이걸 쓰는 게 좋은데, 계속 쓰고 싶은데, 남자에게 선택받으려면 숨겨야 하나? 이런 마음속의 갈등이 생겨난 거죠. 그게 저의 사생활과 커리어의 첫 번째 갈등이었습니다. 그럼 저는 어떤 선택을 했을까요? 네, 여러분이 아시는 것처럼 그냥 제가 쓰고 싶은 글을 계속 썼습니다. 남자들이, 혹은 이 사회가 "적절하다" "여성이 쓰기에 무방하다"라고 이야기할 만한 글은 아닐 수 있지만 저는 그냥 계속 제가 하고 싶은 이야기를 했어요. 우리나라에서 섹스 관련 기사를 가장 많이 내는 잡지사에서, 섹스 기사를 가장 많이 쓴 기자로 성장하게 된 거죠. 그것이 제가 처음으로 경험한 독립이라고 생각합니다.

나는 두려움 없이 혼자 살기로 결심했다

이제 두 번째 독립의 순간입니다. 저는 스물다섯부터 서른이 될 때까지 다양한 분야의 글을 쓰는 기자로 성장해 갔지만, 돌이켜 보면 양껏 성장하지 못했던 것 같습니다. 무슨 얘기냐면, 부모님으로부터 독립하고 혼자 제법 씩씩하게 원룸에서 살아가며 커리어적으로 한참 성장하던 시기였음에도, 머릿속 한구석은 서른을 앞두고 꽤 불안정한 상태로 치닫고 있었던 것 같아요. 첫 번째 이유는 '여자 나이 서른'에 대한 저의 생각이었죠. 부모님이 결혼하라고 종용을 한 것도 아니고 내 일 열심히 하면서 하루하루 살고 있는데, 그런 것들과 상관없이 '이렇게 혼자 늙어 가면 안 돼'라는 생각으로 늘 불안하고 피곤했어요. 친구들이 하나둘씩 결혼할 때마다 '나만 혼자 초라하게 남겨지는 거 아닌가' 하는 생각을 자주 했죠.

두 번째 이유는 '나를 중요하게 생각해 주는 사람을 만나야 행복하다'라는 생각이었어요. 커리어에서 어느 정도 능력을 발휘하고 주변의 사람들과도 이런저런 교류를 잘해 내고 있었지만 "네가 내 인생에서 가장 소중해"라고 말해 주는, 나를 특별하게 생각해 주는 단 한 사람에 대한 목마름이 있었던 거죠. 그 남자가 "이제 내가 너의 큰 울타리가 되어 줄게"라고 말했을 때, 저는 앞뒤 잴 것도 없이 '이 사람인가 보다' 하고 결론을 내렸어요. 여자는 사랑받고 살아야 행복하다는데, 이렇게 나를 사랑한다고 맹세할 다른 남자를 만날 수 있을까? 나는 내년이면 서른이고, 여자 나이 서른이 넘으면 이제 값이 떨어질 텐데 서른 무렵 이런 고백을 받았으니 이 사람은 내 운명일 거야. 이렇게 나름의 결론을 내렸던 거죠. 그래서 저는 하지 말아야 할 잘못된 선택을 합니다. 그 사람과 만난 지 2주 만에 결혼하기로 결정을 했어요. 놀랍죠? 내면의 불안을 제대로 처리하지 못했기 때문에, 너무도 중요한 일에 있어 너무도 안 좋은 선택을 하고 말았던 거예요.

하지만 성급히 결정한 결혼이 제대로 흘러갈 리가 없죠. 채 1년을 채우기도 전에, 저는 결혼 생활에 종지부를 찍고 다시 싱글로 돌아오기로 결심합니다. 이혼을 향한 우리 사회의 부정적 시선을 모르는 게 아니었기에 이 결정이 쉽지는 않았어요. 그래도 분명한 건, 이혼에 대한 사람들의 편견이나 사회의 규정 같은 걸 다 떠나서 저는 스스로의 행복을 위해 이혼이라는 선택을 할 수밖에 없었다는 점이에요. 잘못된 선택은 누구나 합니다. 중요한 건 그 선택을 되돌릴 수 있는가, 그럴 용기와 힘이 있는가 하는 것이라고 생각합니다. 저한테 이혼이란 잘못된 선택을 되돌리는 뼈아픈 결정이기도 했고요, 다른 한편으로는 세상이 이혼한 사람에게 찍고 싶어 하는 낙인이나 편견에 대한 걱정으로부터 독립하는 사건이기도 했습니다. 사람들이 나를 어떻게 볼까 하는 걱정을 내려놓지 못했다면, 아마도 저는 울며 겨자 먹기로 결혼 생활을 지속했을 거예요. 우선은 내가 살아야 하고, 행복하게 살아야 한다고 생각했기 때문에 용감한 결정을 내릴 수 있었습니다. 이혼은 30년을 살면서 제가 내린 모든 결정을 통틀어 가장 용감한 결정이었고, 제가 경험한 거대한 독립의 사건이었습니다. 가부장제로부터의 독립이었고, 나는 누군가의 보호가 필요한 존재라는 생각으로부터의 독립이었죠.

이혼 뒤에도 저는 계속 기자로 일을 했고, 기자로 일할 때는 전혀 문제가 되지 않았어요. 재미있는 건 방송을 통해 이름이 알려지면서부터였는데요, 이혼한 주제에 왜 연애 상담을 하느냐, 이혼녀 주제에 왜 다 아는 척하느냐, 그래 봤자 넌 실패한 인생 아니냐, 하는 댓글을 정말 숱하게 많이 목격했으니까요. 불행해지려고 결혼하는 사람이 없듯, 불행해지려고 이혼을 하는 사람도 없잖아요. 더 이상 가정을 유지할 수 없다고 판단했고, 다행히도 잘못된 선택을 되돌릴 용기가 저에게 있었던 거고요. 제가 이혼을 하고 나서 더욱 뼈저리게 느끼는 지점인데요, 우리 사회는 이혼에 너무 많은 의미를 덧붙이고 멋대로 판단하고 싶어 한다고 해야 할까요. 특히 여자의 이혼은 더욱더 많은 편견의 대상이 되는 것 같습니다. 누군가는 이혼을 '결혼에 실패한 것'이라고 규정할지 모르겠지만, 저는 그저 잘못된 선택을 했던 사람들이 본래의 자리로 돌아가는 일이라고 규정합니다. 가정을 계속 유지하겠다는 것이 용기를 필요로 하는 선택인 것처럼, 가정을 그만 유지하겠다는 것 역시 용기를 필요로 하는 선택 아닐까요? 너무나 큰 수업료를 내고 나서야 저는 저라는 사람을 똑바로 마주하게 되었고, 제가 갖고 있던 불안과 스스로에 대한 불신을 버리게 되었습니다. 결론적으로 슬픈 체험이긴 하지만, 제가 낸 수업료 그 이상의 것을 깨달았기 때문에 후회는 없습니다. 이 모든 일이 제가 감싸 안아야 할 저의 일부니까요.

나는 응원 하나 없이 책을 쓰기로 결심했다

2009년 초에 이혼 절차가 마무리되고 나서, 한동안은 스스로에 대한 환멸에 빠져 지냈어요. '내가 진짜 병신같이……' 이런 생각까지 할 정도로 저 자신이 너무 싫었죠. 왜 그렇게 성급하게 결정을 하고 내 인생에 이런 일이 벌어지도록 방치했을까, 그렇게 많은 연애 기사를 쓰고서도 어떻게 이렇게 무지한 결정을 내렸을까, 나는 왜 이렇게 나를 몰랐을까. 이런 환멸의 에너지가 저를 덮쳐 버렸어요. 겉으로는 별다른 문제가 없어 보였지만 마음은 천국과 지옥을 왔다 갔다 하는, 늘 요동치는 상태였죠.

하지만 환멸의 에너지가 저를 망가뜨리지는 못했어요. 그 에너지를 살아가는 힘으로 만들기 위해 노력했거든요. 이제 더는 불행해지지 말자는 강박이 생기고 이대로 내 인생이 내리막길로 갈까 봐 두려운 마음도 들었지만, 그 모든 강박과 불안 역시 묘한 에너지가 됐습니다. 이 강박과 불안을 모아서 어떤 결과물로 만들어 보자고 생각했어요. 그래서 다시 싱글이 된 바로 그해에만 저는 두 권의 책을 내고 '작가'라는 타이틀을 얻었습니다. 한 권은 일하는 여성 네 명이 공저로 쓴 《연애하듯 일하고 카리스마 있게 사랑하라》라는 책이고, 다른 한 권은 첫 단독 저서인 《신데렐라의 유리구두는 전략이었다》라는 책입니다. 굉장히 신기한 체험이기도 한 것이, 당시 저라는 사람은 환멸 속에서 허우적대고 있었는데도 제가 쓴 책은 사랑의 에너지로 가득 찬 연애 에세이였거든요.(웃음) 《신데렐라의 유리구두는 전략이었다》는 제가 이름도 별로 알려지지 않은 기자였음에도 불구하고 몇 주간 에세이 분야 1위에 오를 만큼 큰 인기를 얻었고, 몇 달 만에 1만 부가 팔려서 많은 화제를 낳기도 했어요. 내가 인생의 잘못된 선택을 되돌리는 순간 또 다른 결과물을 만들어 낼 수도 있게 되는구나, 하는 생각이 들었죠. 이혼이라는 사건은 저로 하여금 스스로조차 깨닫지 못하고 있던 저의 힘, 저의 에너지를 끌어낸 사건이기도 했던 것 같습니다.

사실 책을 내기로 결정하고 책을 쓰는 과정에서 단 한 명도 저를 응원해 주는 사람이 없었어요. 회사 내에서도 '쓰는 걸 허락은 해주겠지만, 책 쓴다고 뭐가 달라지겠어?'라는 반응들이었으니까요. 하지만 이 책을 쓰고 난 뒤 저는 '내 이름으로 책을 낸 기자'라는 특별한 타이틀을 얻게 되었고, 이어서 《연애하려면 낭만을 버려라》, 《내 사람이다》라는 두 권의 연애 에세이를 내고 더 많은 일들을 할 기회를 갖게 됩니다. 라디오 방송에 게스트로 출연한다든지, 강연을 한다든지, 로맨스 영화의 시사회를 진행한다든지 하는 것들요. 아무도 응원해 준 적 없고, 저 역시도 어떤 목적을 갖고 쓴 것이 아닌 작은 책 한 권이 저에게 가져다준 수많은 기회와 시간들을 생각하면 지금도 가슴이 두근거려요. 저는 가장 절망에 빠져 있던 시간에 글을 썼고, 바보 같은 결혼을 한 스스로를 비난했을지라도 글 쓰는 저에 대한 신뢰는 더욱 커졌다고 할 수 있어요. '고만고만한 기자'라는 타이틀로부터의 독립, 제가 그때 쓴 책 한 권이 저에게 가져다준 것은, 바로 내가 내 일 속에서도 새로운 길을 만들어 갈 수 있다는 확신이었습니다.

나는 아쉬움 없이 혼자 일하기로 결심했다

2009년에 이후로는 거의 매년 한 권씩 책을 냈는데요, 그러다 보니 제 글을 좋아해 주는 팬도 늘어나고 몇몇 TV 프로그램에도 간헐적으로 출연하는 일들이 생겨났죠. 그러다 제 커리어에 드라마틱한 변화를 가져다주는 프로그램을 만나게 되었는데, 그것이 바로 JTBC의 〈마녀사냥〉입니다. 이 프로그램으로 저를 알게 되신 분들도 많죠. 여기 모인 분들 중에도 계실 거라고 생각합니다. 10년 넘게 연애 기사를 쓰고 개인적으로도 연애와 결혼에 대해 안 겪어 본 게 없으니(웃음) 저에게 이 프로그램은 제 생각과 이야기를 맘껏 풀어 놓을 수 있는 최고의 무대가 되었죠. 너무나 즐겁게 방송했고, 그로 인해 저는 제 이야기를 더 많은 이들에게 전할 수 있는 사람이 되었습니다.

　그렇게 다섯 달 뒤엔 《코스모폴리탄》을 퇴사하고, 전 처음으로 '곽정은'이라는 개인으로 일을 하게 됩니다. 직장으로부터 독립을 한 셈이죠. 기자로 사는 것도 행복했지만 사실 어느 시점부터 저는 늘 독립을 원하고 있었어요. 같은 일을 너무 오래 했기 때문에 조직에서는 더 이상 새로운 걸 배울 수 없다는 생각이 있었고, 여기서 계속 일을 하며 높은 자리에 올라간다고 해도 언젠가는 끝이 있다는, 그 자리를 내어주어야 한다는 현실도 싫었거든요. 여성이 대다수인 잡지사였지만 결국 CEO는 남성인 경우가 대부분이고, 여성 편집장의 수명도 그리 길지 않다는 것 역시 그만두자는 생각에 힘을 실어 주었습니다.

그러나 제가 조직을 나오자고 결정을 할 수 있었던 가장 큰 이유는 '조직이 없이도 일할 수 있는 나'를 믿게 되었기 때문이에요. 조직이 아닌 나라는 개인으로 목소리를 낼 수 있는 상황이 되었기 때문이기도 하죠. 갖은 편견과 주변의 우려에도 불구하고 계속 섹스와 연애에 대해 글을 쓰기로 했다고 앞에서 말했는데요, 저는 남성들이, 아니 또래의 여성들조차 부정적으로 바라봤던 그 콘텐츠와 관련하여 일종의 전문가가 되었고 특별한 커리어를 쌓은 주인공이 되었다고 생각합니다. 이건 되게 역설적인 얘기이기도 해요. 남자들이 터부시하고 인정하지 않으려 했던 바로 그 이야기를 당당하고 솔직하게, 누구의 눈치도 보지 않은 채 '난 내가 하고 싶은 이야기를 할 거야. 야한 게 뭐? 섹스 이야기가 뭐?'라고 생각하며 계속 한 길을 걸어온 결과니까요. 그렇게 자신의 이야기를 힘주어 계속했더니 방송 프로그램에서 남자들과 대등하게 목소리를 낼 기회가 주어졌고, 여느 남자 부럽지 않을 만큼 돈을 벌게 되었고, 여느 남자 부럽지 않을 만큼 많은 일과 기회를 손에 넣게 된 거예요. 사회가 '적절하다'고 규정하는 선을 지킬 것이 아니라 그저 내가 하고 싶은 일에 집중하는 것이 정말 중요하다고, 저는 힘주어 말하고 싶습니다.

직장 생활의 연차가 쌓이면서 많은 분들이 조직의 비전과 나의 비전이 다를 때 어떻게 해야 될까 하는 고민을 하세요. 점점 상사의 허점이 보이고, 조직의 비전이 없는 것이 보이고, 내 비전이랑 다르다는 것이 눈에 띄고, 이 회사가 나를 갉아먹고 있다는 생각이 들 때 몇 가지 옵션이 있을 것 같아요.

첫 번째는 가장 소극적인 방법, '어쨌든 목구멍이 포도청이고 나도 딱히 비전은 없다, 참고 살겠다'는 방법이고요, 두 번째는 회사와 나의 비전이 다르다는 걸 인정하고 낮에는 열심히 회사 일, 회사를 나오는 순간 내 비전을 위한 일을 하는 거죠. 밤이 되는 순간, 주말이 되는 순간, 내 꿈을 위해 재미있는 일을 만들어 내는 것도 저는 나쁘지 않다고 생각해요. 이도 저도 아닌 채로 회사에 가면 회사에서 불행하고 집에 오면 집에서 불행하고, 그런 것이 아니라 둘다 놓치지 않고도 살 수 있을 것 같아요.

그리고 세 번째 방법은 바로 저처럼 회사를 나오는 겁니다. '이 회사엔 희망이 없어. 너희들이 월급을 주지 않아도 난 잘 먹고 잘살 수 있어'라는 확신이 들 때 나오면 돼요. 근데 확실해 생각해 둬야 할 건, 회사를 나오는 순간 매

달 25일 들어오던 월급이 사라지고, 조직에 있었기 때문에 얻을 수 있었던 모든 것을 누릴 수 없다는 거예요. 아주 사소하게는 이제 A4 용지도 직접 마트에 가서 사야 된다거나…….(웃음) 종이가 아까워 한 페이지를 한 장에 뽑지 못하게 될 수도 있습니다.(웃음) 이렇게 살짝 비루해지는 부분만 있는 것이 아니라, 뜻을 위해서 자유롭고 싶어 회사를 나왔지만 통장에 찍히는 액수에 자존감이 늘었다 줄었다 합니다. 이번 달엔 내가 회사에서 받던 돈보다 많이 들어왔어, 그러면 자존감이 늘어나요. 그런데 그것보다 부족하거나 지난달보다 줄어들면 자존감이 쪼그라들 수도 있다는 거죠.(웃음)

나는 의무에 대한 요구 없이 사랑하기로 결심했다

이제 마지막입니다. 이 얘기를 넣을까 말까 고민했어요. 그런데 저는 많은 연애, 그리고 결혼과 이혼의 과정을 겪으면서 할 이야기가 많고, 그것이 저의 커리어에 있어 상당 부분을 차지하기 때문에 빼놓을 수가 없더라고요.

저에게 애인이 있든 없든, 저는 아마도 결혼을 하지 않을 겁니다. 가부장제 안에서는 제가 행복할 수 없다는 걸 알게 되었으니까요. 쉰 살쯤 되면 할지도 모르죠. 하지만 결혼이 서로에게 의무감을 강요하면서까지 들어가고 싶은 시스템은 아니기 때문에 그냥 사랑하는 관계로만 유지하고 싶어요. 그것이 제가 꿈꾸는, 의무에 대한 요구 없이 사랑만 하는 관계라고 생각합니다. 의무감이 아닌 책임감을 통해서 서로의 성장을 응원하고 싶은데, 상대방의 가족을 받아들여야 하고 매일 같이 밥을 먹고 같이 잠을 자야 하는 관계에서라면 저는 상대를 온전히 사랑할 수 없을 것 같아요.

저는 저만의 공간도 필요하고, 누가 챙겨 주지 않아도 독립적으로 생활하는 사람이 좋습니다. 잠자리도 화장실도 다른 사람과 같이 쓰는 거, 너무 힘들지 않나요?(웃음) 저한테는 잘 자는 것이 중요하고 안 챙겨 줘도 잘하는 것이 중요한데, 결혼이라는 제도에 들어가면 그렇지 않을 것임을 알기 때문에 그것을 감당하지 않겠다고 다짐한 것이죠.

이렇게 제 인생에 다섯 가지 전환을 일으켰던 사건에 대해서 말씀드렸습니다. 나는 남자들이 뭐라 하든 섹스 이야기 쓸 거야, 이혼할 거야, 책 쓸 거야, 혼자 일할 거야, 결혼 안 할 거야. 이런 식으로 살아왔던 게 제 삶이에요. 제 얘기는 여기까지였고요. 부리나케 Q&A 시간으로 넘어가도록 하겠습니다.(박수)

박 말씀 잘 들었습니다.

곽 허리가 너무 아프네요. 직업병이에요. 여러분, 몸 바쳐서 회사 일 하지 마세요. 너무 힘들어요.

박 저도 하루 종일 일을 하고 온 사람으로서 회사에 몸 바칠 필요가 없다는 것을 다시금⋯⋯.(웃음)
이제 여러분이 궁금해하셨던 이야기들로 진행해 볼 텐데요, 첫 번째로는 일하는 여성으로서의 얘기입니다. 첫 질문을 해주신 분은, 본인도 언젠가는 프리랜서로 살아야 할 것 같은데 지금 조직에 속하지 않고 일을 하고 계시는 분으로서 조직에 있을 때와 나온 뒤에 일을 대하는 태도나 자세가 달라졌는지, 아니면 유연하게 달라질 필요가 있는지, 이런 궁금증이 있다고 전해 주셨네요.

곽 조직에 있으면 수월한 게 많죠. 조직이란 시스템이고, 시스템은 각 자리에 있는 사람들이 다 밥벌이를 한다는 뜻이니까요. 앞선 사람이 생각을 해서 결과를 도출하면 저는 그 결과를 받아서 무언가를 만들고 또 다음으로 던져 주고 하면 되잖아요. 그러니 위험도도 마이너스 5까지, 성취감도 플러스 5까지. 하지만 조직을 나오는 순간 아무도 저에게 뭘 해야 된다고 말해 주지 않거든요. 그냥 머릿속에 자아가 있을 뿐이죠. 그냥 자자, 놀자, 아무것도 하지 말자, 그래 전세금 있으니까 안 벌어도 돼, 어떡하지 더 벌어야 되는데 뭘 할까……. 이런 혼자만의 상념뿐 누구도 저를 대신해 주거나 관리해 주지 않기 때문에 성취감이 있을 때는 플러스 10, 그러나 망하기 시작하면 마이너스 10 혹은 그 이상…… 이렇게 되는 것 같아요. 그래서 앞으로 어떤 일을 하시든 적어도 7년에서 10년 정도는 조직에 있다가 나오는 것이 좋다는 게 제 생각입니다. 일의 내공을 쌓는다는 측면에서도 의미가 있고요.

이런 점은 있는 것 같아요. 조직에 있을 땐 내가 하고 싶은 게 있어도 많이 '킬' 당했어요. '이거 킬 당하겠지' 싶어서 내가 하고 싶은 걸 말도 못 꺼낸 경우도 많고요. 잡지사라면 되게 자유로울 것 같지만 그렇지 않거든요. 하물며 일반 회사는 어떻겠어요. 더 심하면 심했지 덜하지 않을 거라고 생각합니다. '그래, 팀장 싫어하는 거니까 쓰지 말자.' 팀 안에서도 이런 암묵적인 공감대가 있었기 때문에 결국 상사의 입맛에 맞는 것만을 찾는 자신을 발견하게 됐죠. 지금은 오히려 '이번 달에 돈 덜 들어오면 어떡하지?' 이런 걱정은 될지언정, '내가 진짜로 이루고 싶은 가치가 뭐지? 나와 비슷한 사람들에게 무엇을 전할까?' 같은 생각을 더 많이 할 수 있게 된 것 같아요.

물론 조직의 타이틀은 생각보다 큰 힘을 발휘합니다. 큰 조직에 있을 때는 정말 많은 사람들을 수월하게 만날 수 있었어요. "어디어디의 누구입니다"라는 말 한마디로 말이죠. 그런데 지금은 제 이름 하나뿐이에요. 잘될 수도 있고, 안 될 수도 있고. 그건 하기 나름이겠죠. 내가 가진 콘텐츠가 확실하다면, 또 힘이 있다면 더 많은 걸 펼칠 수 있다는 점은 확실한 것 같아요. 결국 문제는 돈이 아닌가 생각합니다. 조직을 떠나서 일을 할 때는 일정 수준의 꾸준한 벌이를 담보할 수 없으니까요. 그래서 떠날 때는, '이 일을 하면 월급보다 더 벌 것 같다'가 아니라 자신이 원하는 것이 무엇인지를 확실히 해야 할 것 같습니다. 그래야 돈이 좀 덜 들어와도 견딜 수 있거든요.

박 프리랜서로 일하다 보면 제일 고민되는 게 일이 들어올 때 내가 이걸 받을지 말지잖아요. 그럴 때 본인이 일을 택하고 택하지 않는 기준, 그리고 그 일을 해내기 위해서 시간을 어떻게 관리하는지, 그런 질문도 이어서 주셨네요.

곽 두 가지를 같이 고려합니다. 정말 현실적인 얘긴데요, 내가 원하는 가치가 충족되면 돈은 중요하지 않습니다. 근데 그것이 아니라면 돈을 양보하지 않아요. 강연, 방송 같은 일을 하는 저의 경우 각각의 일마다 수입의 차이가 굉장히 크거든요. 많은 프리랜서분들이 경험하시겠지만 가격을 후려치려는 사람들도 많고요. 정말 친하고 나와 지속적으로 관계를 유지하던 사람이 아닌 이상, 혹은 이것이 나에게 엄청난 가치를 가져다주는 게 아닌 이상 저는 스스로의 값어치를 떨어뜨릴 이유가 없다고 생각해서 단호하게 거절합니다. 제가 값을 떨어뜨리면 그다음에 올 사람은 당연히 저보다 낮은 값을 받게 되잖아요. 그런 일을 만들이유는 없죠.

시간을 관리하는 규칙에 대해 말씀드리자면, 너무 강박적으로 할 일을 만들어 놓는 것이 오히려 삶을 좀먹는다고 생각해요. 저는 13년 동안 10분 단위로 사는 일을 해왔고, 제 시간보다는 인터뷰이의 시간이나 제가 만나는 스태프들의 시간을 더 중요하다고 생각하고 살았는데 그 점이 너무 힘들었거든요. 지금은 스케줄이 없는 날이면 그냥 진짜 놀아요. 그리고 이 자유를 굉장히 소중하게 생각합니다. 그렇다고 마냥 즐기고만 있는 건 아니지만요. 조직에 있을 때는 자유를 갈망하다가 딱 자유가 주어지는 순간 '내가 너무 나이브한가? 타이트하게 살아야 하지 않나?' 하는 생각에 또 지난 시절을 갈망하게 되기도 하는데요, 저도 이런 생각 때문에 초반엔 힘들었어요. 하지만 지금은 '무한자유인'이라고 긍정하게 되었습니다. 자다가 대낮에 땀 삐질삐질 흘리며 깨어나도 '이건 행복이다'라고 생각하면 제인생이 너무 사랑스럽고요.

그리고 한 가지 팁을 알려 드리자면, 팁이라고 하기엔 좀웃기긴 하지만 제 경우 요즘 흠뻑 빠져 있는 게 요가, 명상,

웨이트 세 가지예요. 몸과 머리와 마음에 대한 것들이죠. 그게 안정되지 않고는 일도, 연애도, 관계도 다 흐트러진 다고 해야 할까요, 그런 일을 많이 경험했기 때문에 '내가 이것만큼은 꼭 일주일에 세 번씩 챙겨서 할 거야' 결심한 것들입니다. '요가는 세 번 갈 거야, 웨이트는 다섯 번 갈 거야' 이렇게 루틴을 잡아 두고 그 스케줄을 먼저 정한 다음 다른 일정들을 잡습니다.

그래서 항상 말씀드리는 게, 다른 사람의 눈을 의식해 서라거나 여자니까 살을 빼야 한다거나 하는 관념에 휘둘 리지 마시고 소중한 내 몸과 마음을 좋은 상태로 유지하 기 위한 것들을 스케줄에 채워 넣으라는 거예요. 그런 다음 다른 것들을 하면 시간을 낭비하지 않게 되는 것 같아요. 요즘 저는 어떻게 살고 있냐면, 하루 두 시간 운동합니다. 명상 수업에도 계속 나가고요. 자유직이기 때문에 하고 싶은 일이 있으면 '강, 약, 중강, 약'으로 하죠. 강, 약, 중강, 약, 그게 정말 필요한 것 같아요.

박 여성과 남성의 일에 대한 질문들도 많이 나왔습니 다. 나이가 드는 게 남성에겐 강점이 되는데 여성에겐 약점이 되는 것 같다. 일도 결혼 전의 젊은 여성이 하 는 일과 결혼 이후 아이를 낳고 다시 사회로 나온 여성 에게 주어지는 것이 다른 것 같다. 이런 상황 속에서 자기 커리어를 안정적으로 오랫동안 유지하려면 어떤

부분에 중점을 두고 일을 해야 할지 모르겠다. 이런 질
문을 주셨네요.

곽 커리어를 시작할 때 구체적으로 어떤 고려를 해야 할지
에 대한 질문인 것 같은데요, 잡지 기자로만 살다가 작가
로 전향한 제 입장에서 말씀을 드려 보겠습니다. 일단 사
회생활을 시작할 때 돈을 얼마를 주는지, 사회적으로 어떤
평가를 받는지도 중요하지만 무엇보다 내가 하는 업무가
자기 주도적으로 할 수 있는 일인지, 아니면 그 안에서 매
일같이 쪼그라들고 위축되는 일인지를 판단해 보실 필요
가 있습니다. 제가 선택했던 잡지 기자 일은 매우 고되고,
사실 누군가 퇴사해도 또 다른 기자로 얼마든지 대체 가능
한 일이기도 하죠. 모든 일이 기계 부품을 갈듯 새로운 사
람으로 바꿔 끼울 수 있지만 그럼에도 제 일 안에서는 적
어도 제가 프로듀서였거든요. 그래서 그 일을 계속할 수
있었어요. 은행이나 컨설팅 회사에 다니는 친구들은 연봉
이 저보다 1천만 원씩 많고 그랬어요. 사회 초년생이었던
스물다섯 살에게 1천만 원 차이란 굉장하죠. 그래도 제가
은행원 친구를 부러워하지 않았던 건, 스물다섯 살에 내
이름이 걸린 채 한 달에 몇 페이지씩 글이 나오는 직업을
가진 게 더 대단하다고 생각해서였어요. 아이템 발굴부터
시작해서 기사 취재 및 작성, 에디팅, 인쇄 감리까지 온전
히 제가 일의 주인이 될 수 있었기 때문에 커리어가 저를

많이 성장시켰다고 생각해요. 스물다섯 살짜리 여자가 이처럼 자기 주도적으로 일할 수 있는 직종이 또 있을까 싶기도 했고요. 그래서 저는 박봉과 야근에 시달리면서도 계속 그 일을 해올 수 있었습니다.

같은 조건이면 남성을 선호하는 풍조는 제가 직장을 구하던 2002년이나 지금이나 똑같고, 비극적이지만 앞으로도 그럴 거예요. 여자를 선호하거나 상대적으로 떨어지는 조건을 갖고 있는데도 여자를 뽑는 사회는 죽어도 오지 않을 겁니다. 저는 그렇게 생각해요. 그렇지 않나요?

박 저희가 볼 순 없겠죠, 그런 세상은.

곽 못 본다니까요. 그렇다면 어떻게 할 것인가. '나는 남자보다 월등한 스펙을 쌓을 거야'가 답일까요? 아니에요. 이건 모든 여성의 문제죠. 나만 그렇게 하면 끝나는 게 아니라 내 딸도, 조카도 그 문제에서 자유로울 수 없을 거예요. 다만 일을 택할 때 가급적 주도적으로 일할 수 있는 직업을 택할 것, 그리고 어떤 일이든 내가 한 것, 내 결과물이라는 것을 많은 사람에게 주지시킬 것. 그렇게 일을 했을 때 커리어의 폭이 넓어진다고 생각해요. 내 실적을 상사가 빼앗아 가는 일은 잡지계에도 있어요. 제가 다 준비해 놓은 인터뷰를, 선배가 "연락처 내놔" 하면서 가져가려고 하죠. 그럴 때일수록 싸워서 "내가 한 거다, 내가 하겠다"고 강하게 주장하며 이뤄 가야 합니다. 그렇게 하다 보면 여성들이 더 주도적으로 일하는 분야가 조금씩 늘어날 거라고 생각해요.

다른 하나로, 여성들이 더 높은 자리에 오르고 결정권자가 되는 것도 굉장히 의미 있다고 생각해요. 저의 경우에는 조직을 나와 자유로운 삶을 사는 것이 행복에 있어 중요한 요소였지만 그럼에도 한편으로는 아쉬운 점이 있어요. 높은 자리, 결정권자가 되어 보지 못한 것 말이죠. 가끔은 조직 생활이 그립기도 한데, '오늘 놀까? 밥 뭐 먹을까?' 이런 고민이 아닌 굵직굵직한 걸 결정하고 싶은 욕망 때문에 그래요. "이 프로젝트, 그냥 엎읍시다!" 뭐 이런 거 말이에요.(웃음) 권력욕이 꿈틀대는 거죠. 언젠가는 이것 때문에 조직에 돌아갈 수도 있다고 생각하고요.

여전히 생물학적으로 여성이라는 것은 불리한 조건이 맞지만 그것을 어떻게 해볼 수 있는 방법도 결국은 작은 노력에서 시작되는 것 같아요. 내가 어떤 직업을 택할 것인가, 어떻게 요구할 것인가, 결정권자가 되고자 한다면 어떻게 움직여야 할 것인가, 그런 여성에게 어떻게 힘을 실어 줄 것인가, 이런 개개인의 작은 노력들이 모여 싹튼다고 생각합니다.

박 결국 '나여야만 하는 이유'들을 확장해 나가면서 선택할 수 있는 여지를 만들어야 한다는 말씀 같은데요.

하지만 여전히 여성들은 선택을 하기보다 강요받는 입장인 것 같습니다. 이런 질문도 있었거든요. 여성은 똑같이 일하는 남성들에 비해 훨씬 많은 선택을 요구받습니다. '육아냐 일이냐, 엄마냐 여자냐' 같은……. 이런 선택의 기로에서 꼭 지켜야 할 중심 가치를 무엇으로 생각하며 살아오셨는지 궁금합니다.

곽 뒤늦게 깨달았어요. 저는 이혼을 하고 나서야 내가 생각하는 행복, 내가 생각하는 좋은 삶, 이런 것이 진짜 내 생각인가 아니면 '여자는 이게 행복이야, 여자는 이쯤 되면 이렇게 살아야 돼'라는 사회적 요구에 주입된 것인가 돌아보게 됐어요. '행복이 무엇인가, 나의 다음 스텝은 무엇인가, 나는 이렇게 살아도 괜찮나'라는 생각을 할 때 저 스스로 끊임없이 들이밀었던 게, 진짜 내가 생각하는 내 행복이 아니라 사회가 기대하는 행복의 기준선이더라고요. 사실 우린 그런 선택을 강요받고 있잖아요. 육아냐 일이냐, 당신은 여자입니까 엄마입니까? 얼마 전 TV 다큐멘터리에서 나온 얘기였죠. 저는 화가 나서 두 번을 봤는데요, 이건 선택의 문제가 아니잖아요. 여러 가지 정체성을 본인 안에 담을 수 있다는 걸 기억하셨으면 좋겠어요.

정체성에 대한 이야기가 나와서 말인데, 저는 많은 남초 사이트의 게시판에서 '개나 데리고 사는 이혼한 아줌마'로 통합니다. 사회가, 일부 남성들이 저를 그렇게 규정할지라도 저는 저를 그렇게 규정하지 않거든요. 저는 '자기 삶을 책임질 수 있고, 사랑하는 사람이 있고, 사랑하는 개가 있고, 언제든지 자유롭게 여행을 다니고, 요가와 명상에 관심이 많고, 사람들을 치유하는 것에 관심이 많은 사람'으로 저를 규정합니다. 앞으로도 어떤 이들의, 혹은 사회의 "넌 노처녀야, 넌 뚱뚱해" 등등으로 규정하려는 목소리가 들릴 거예요. 근데 그걸 듣고 상처를 받을지 무시해 버릴지는 자신의 선택이겠죠. 가만히 있어도 뭐라고 할 거면 '나 그냥 설치고 말하고 떠들래, 욕 먹을래' 그런 생각이 들었어요.

저는 어쩌다 보니 이름이 알려져 버린 탓에 그런 무례한 말들에 더 무방비로 노출되는 측면이 있긴 하지만, 여러분 역시 가정에서 일터에서 나름의 공격과 편견을 경험할 거예요. 어떤 상황에 있든, 어떤 방식으로든 편견에 희생을 당할 수 있습니다. 하지만 그것 때문에 괴로워하지 마시고 "됐거든!"이라고 말할 수 있는 사람이 되시면 좋겠어요.

박 관계와 소통의 문제에 대한 이야기들을 나눠 보고 싶은데요, 이 질문에는 단호하게 답변해 주시리라 기대하고 여쭙습니다. 남편과 젠더 의식이 일치하지 않을 때 어떻게 풀면 좋을까, 남자 친구가 나의 일을 자신의 일보다 가볍게 여긴다면 어떻게 해야 할까, 이런 것들에 대해서 이야기를 듣고 싶다고 하셨네요.

곽 저는 남녀 관계 대부분의 문제가 사소하든 크든 일정 부분 젠더 의식의 차이에 뿌리를 두고 있다고 생각해요. '이 친구가 배려가 좀 부족해, 너무 애 같아'라는 식으로 치부할 수도 있지만 사실 상대방 태도의 기저에는 '여자니까 이래야지'라든지 '며느리니까 이렇게 해야지' 같은 생각들이 있다고 보거든요. 남편이나 남자 친구와 젠더 의식에서 차이가 생기는 것은 어쩔 수 없는 일이죠. 더구나 가부장제의 의식 세계를 탈출한 여성이라면 모든 면에서 더욱 불편함을 느낄 겁니다. 그런데 이건 남편만 개조한다고 되는 문제는 아니라고 생각해요. 어릴 때부터 가부장적인 분위기에서 성장했을 것이기 때문에 쉽지 않은 일이죠. 나의 존엄을 해치는 트러블이 계속 일어난다면 이 사람과 가정을 이루어서 내가 행복하겠는가라는 고민을 심각하게 해보셔야 한다고 생각합니다. 그게 아니라 작은 의식의 갭 혹은 약간 못 배웠기 때문에, 이것에 대해서 내가 이제껏 주장하지 못했기 때문에 그 사람과 나의 젠더 의식에 차이가 있는 거라면, 그때는 허심탄회하고 단호하게 대화를 할 필요가 있다고 생각합니다.

남자 친구가 나의 일을 가볍게 여긴다면, 저는 헤어지라고 말하고 싶어요. 결혼을 한 상태라면 그 문제가 두 사람이 공유하는 시스템의 일부이기도 하기 때문에 지속적으로 설득해 갈 필요가 있지만, 남자 친구와는 전혀 그런 관계가 아니잖아요. 조금 얘기해 보다가 "어차피 너는 여자잖아" 같은 이야기 나오면 그냥 보내 주세요.(웃음) 물론 누군가를 설득하면서 자신도 성장할 수 있지만, 사랑하는 사람의 일이 자신의 일보다 소중하지 않다고 생각하는 남자에게는 미래가 없어요. 그런 남자를 곁에 두어야 한다면 그건 내가 가진 어떤 불안 때문이지, 그 남자가 정말 필요하기 때문은 아닌 것 같아요.

박 이 부분에 대해서는 작가님이 쓰신 《혼자의 발견》에도, 제 기억이 정확하다면 이런 말이 나왔던 것 같은데요. "지금의 세상이 꽤 괜찮다고 믿는 자와 지금의 세상이 부당하다고 믿는 자가 함께 미래를 논할 수 없다." 그러니까, 헤어지라는 말씀이시죠.(웃음)

곽 그렇잖아요. 단지 "정치 이야기를 안 하면 안 싸우니까 정치 이야기를 하지 마세요"가 아니에요. 그것은 세계관의 문제잖아요. "그냥 우리 사랑해요"라니.(웃음) 절대 그렇지 않거든요. 매 순간 부딪칠 것이 분명하기 때문에 아직 선택을 안 하신 분이라면 굳이 누군가를 개조해 가면서까지 결혼을 하기에는……. 사실 페미니즘적 시각이 충만한 남자라 해도 결혼을 하면 분명히 어려운 부분들이 생겨나거든요. 희생하지 마시기 바랍니다.

박 이어지는 질문은…… 여러분, '여적여'라고 많이

들어 보셨죠. "여자의 적은 여자다." 오픈테이블에서
도 나왔고 그 안에서도 이견이 있었죠. 일정 부분은 동
의한다는 이야기도 있었고, 한편으로는 말도 안 되는
얘기다, 우리끼리 만들어 낸 잘못된 구도다, 이런 이야
기도 나왔습니다. 질문해 주신 분께서는, 그럼에도 항
상 자기를 끌어 주고 도와준 선배들은 멋진 여자 선배
들이었다고 하시면서 곽정은 작가님께 그런 좋은 여
자 선배, 여자 동료가 있었는지 듣고 싶다고 말씀해 주
셨고요, 주변에서 보신 멋진 여성의 이야기를 많이 듣
고 싶다는 이야기를 하셨네요.

곽 없어요. 사실 10년 동안 한 회사에 다니면서도 그곳에
서 못 찾았는데 어쩌죠. 슬픈 이야기지만, 저는 같은 회사
를 다니면서 평생을 이어 가고 싶은 인연을 만나지 못했어
요. 하지만 '여적여'에 동의하신 분들도 한두 분에 대한 경
험으로 말씀하신 거잖아요. 그 몇 명 만나 봤다고 해서 "여
자의 적은 여자"라고 말해서는 안 된다고 생각해요. 인간
의 적이 때때로 인간일 뿐이죠. 실제로 여자 앞길 막는 것
은 남자 위주의 사회가 아닙니까. 여자 상사가 히스테리를
좀 부린다거나 여자 동료가 좀 안 도와준다거나 여자 후배
가 내 험담을 하고 다닌다거나, 이런 것을 '적'이라고 한다
면 너무나 우습죠. 정말 여자의 적을 꼽는다면 그건 "여자
의 적은 여자"라고 말하고 다니는 사람 아닐까요? 왜 굳이

적이라는 표현으로 여자들이 서로 연대하지 못하게 만드는지 모르겠어요. 아마도 그걸 제일 처음 입 밖으로 낸 것은 여자가 아니라 남자였을 거라고 생각합니다. 왜냐하면 원래 권력을 갖고 있는 쪽은 권력을 갖지 못한 쪽이 연대하지 않기를 바라는데, 그들끼리 싸우게 만들면 절대 연대할 수 없거든요. 매우 많은 식민 정책들이 그랬고요.

남자들이 그런 이야기를 할 때 "맞아, 맞아" 하며 동의하실 필요 없어요. 그냥 그녀도 힘들고, 상태 안 좋고, 스트레스받았고, 근데 여자들끼리 있고, 그러니까 이렇게 되는 것일 뿐이죠. 오히려 그런 말 자체가 여성이 차별받고 있고 이 사회가 남성 위주로 돌아간다는 것을 역설적으로 드러내는 수사적인 표현이라고 생각해요.

저의 경우 조직 내부에서보다는 조직 외부에서 다양한 여성들을 인터뷰하며 그들로부터 많은 배움과 영감을 얻을 기회가 있었습니다. 정치인, 아티스트, 회사원, 여행가 등 정말 다양한 여성들을 만났죠. 주변에 정말 여자의 적은 여자라고 생각하게 하는 사람이 있다 해도 그 말을 스스로 하지는 않았으면 좋겠어요. 말을 하는 순간 연대할 수 없게 되니까요. 대신 좋은 여자를 찾아보면 되는 거죠. 그게 꼭 내 상사일 필요가 있나요? 그녀도 힘들고 나도 힘든데 꼭 그녀를 사랑해야 하나요? 직장 동료와 꼭 마음을 나눠야 하나요? 아뇨, 그럴 필요 없어요. 다만 어떤 책에서든, 누가 만났다는 사람이든, 옆집 여자든, 작은 관계 속에서 연대를 느껴 가는 것이 정말 중요한 것 같아요.

박 일의 현장에서 성적인 농담을 듣는다든지 외모를 평가당하는, 여성으로서 대상화되는 경험들을 많이 들 겪는다고 하죠. 작가님도 겪으셨을 테고요. 이런 상황에 부딪힐 때마다 굴욕감을 느끼지만 막상 얼굴 붉혀 가면서 싸우기 피곤한 일이기도 하고 때로는 그럴 수밖에 없어서 그냥 넘어가는 경우가 많은데, 이런 경험을 겪으셨을 때 어떤 식으로 대처하는 게 현명할지 구체적인 대사로 예로 들어 달라고 하셨어요.(웃음)

곽 저도 많이 겪었죠. 슬프게도 다섯 살 때부터 서른다섯 살 때까지 쭉 이어졌던 많은 경험들 속에서 한 번도 "하지 마세요, 이건 성희롱입니다"라고 힘주어 말하지 못했어요. 그게 너무 후회되고요. 그렇게 말하지 못했던 이유는 분명해요. 그렇게 말하면 내가 불이익을 당한다는 걸 너무 잘 알고 있기 때문에. 그래서 '나만 참으면 조용히 흘러갈 일이야'라고 비겁하게 생각했던 것 같아요. 최근 읽은 책이 있는데요, 《악어 프로젝트》라고, 남자를 연두색 악어로 표현한 프랑스 일러스트집이에요. 꼭 보시기 바랍니다. 그 책을 보면서 저도 아뿔싸 했어요. 왜 나는 힘주어 또렷하게 "이러지 마, 하지 마, 이건 불쾌한 일이고 너는 성희롱을 하고 있어"라고 말하지 못했을까 싶더라고요. 똑바로 바라보며 상황을 명시하고 상대방에게 "이거 하지 마"라고 또렷하게 이야기하는 순간 그 사람은 급습을 당한 느낌을 받을 거라고 해요. 그래서 "아, 왜 그래" 하면서 은근슬쩍 넘어가려 할 때 성희롱이라고, 성희롱이라고, 성희롱이라고 계속 반복해서 이야기하면, 그렇게 이야기하는 것만으로 자신은 힘을 얻고 그 사람은 더 이상 추가적인 행동을 못 하게 된다고 그 책에 쓰여 있더라고요.

성적인 농담, 외모 평가, 이런 것들이 작게 벌어졌을 때 바로 첫 순간에 그냥 넘어가지 않는 것이 정말 중요한 것 같아요. 타이밍을 놓치지 않고 단호해지기 위해서는 겁내지 말아야겠죠.

> **박** 남자도 그렇지만 특히 미혼 여성들의 경우엔 '지금은 만족스럽고 괜찮지만 결혼하고 나서 여러 가지 이유들 때문에 오그라드는 건 아닌가, 아이를 낳고 나면 상황이 휘몰아치면서 내 인생이 망가지는 건 아닌가' 하는 공포와 불안이 있는 것 같아요. 이런 분들에게 용기가 되는 말을 전해 주시면 좋겠습니다.

곽 꼭 결혼을 해야 되나요? 아이를 낳아야 되나요? 저는 이 질문에서부터 시작해야 한다고 생각해요. 최근 인도에 있는 명상 센터에 다녀왔습니다. 제 안에 큰 질문이 있었거든요. 지혜를 가진 인도 사람들은 내 고민에 대해서 어떻게 생각할까? 이 문제를 해결할 수 있다면 내 인생의 다른 문제들도 해결할 수 있을 것 같았어요. 그래서 물어봤죠. 귀여운 아이를 보면 갖고 싶다, 행복하게 살고 있는 부부를 보면 나도 그 제도 안으로 다시 들어가면 어떨까 생각한다. 하지만 내가 내줘야 할 것들이 두렵고 나의 커리어가 멈출 것이 두렵고, 내가 수그려야 되는 것이 싫고, 많은 악조건들이 먼저 떠오른다. 나는 어떻게 해야 될까. 이렇게 물었더니 거기 선생님이 이야기해요. 무언가를 했기 때문에 내가 갖게 될 행복, '이런 걸 얻게 되겠지, 행복해지겠지'가 먼저 생각나면 그걸 해야 하고, 반대로 '내가 이것 때문에 이것도 손해 봐야 하고 이것도 내줘야 하고, 어휴 힘들겠네'라는 생각이 먼저 든다면 그 선택으로 결코 행복해질 수 없다고요.

남자는 남자대로 가부장제의 가부장으로서 많은 것들을 의무와 책임으로 받아들이지만, 여자들은 여자들대로 이등 시민 취급을 받으면서 억압받아요. 서로서로 억압적인 의무들에 시달린다고 생각해요. '남들이 다 그렇게 사니까 나도 그렇게 살아야지' 하고 결정하기 전에 정말 열심히 고민해 볼 필요가 있겠죠. 저는 그런 고민을 하지 않았던, 그래서 많은 고통을 겪었던 사람이기 때문에 이런 이야기를 할 수 있는 거예요. 그 전까지는 한 번도 다른 삶에 대해서 고민하지 않았고 엄마가 그렇게 힘들게 사시는 걸 보면서도 '나도 여자니까 엄마처럼 살아야겠지'라고 생각했죠. '그렇게 살 필요 없어'라고 생각하는 법은 누구도 알려 주지 않았어요. 아무도 내가 다르게 생각하는 것을 원하지 않았기 때문인지도 모르겠어요.

공포와 불안이 있다면, 하지 마세요. 제가 말씀드리고 싶은 건 그거예요. 꼭 해야 되나요? 공포와 불안이 수그러들기 위해서는 그것을 통해 누리고 싶은, 혹은 누릴 것으로 기대되는, 꿈꾸고 싶은 무언가가 더 많이 필요해요. 그런데 그게 없다면, 다 빼앗길 것 같다면 그걸 왜 해야 할까요? 왜 그렇게 살아야 될까요? 결혼은 절대 의무가 아니에요. 여성에게 결혼은 많은 기회비용을 치러야 하는 일이라고 저는 생각해요. 그리고 이 모든 고민에도 불구하고 결혼과 출산과 육아를 하겠다, 하고 싶다, 나는 이것이 행복일 것 같다고 생각한다면, 그 관계를 둘러싼 모든 사람들, 아이 아빠가 됐건 시어머니가 됐건 친구들이 됐건, 그들과 작고 큰 투쟁을 해야 되는 부분이 있다고 생각해요. 저는 그걸 하고 싶지 않기 때문에 결혼이라는 제도권으로 들어가지 않겠다는 것이고요. 그 투쟁을 피할 것인지, 아니면 웃으면서 기꺼이 감당할 것인지에 대한 문제만 남아 있는 것이 아닐까요.

저는 경력단절 여성, 줄여서 '경단녀'라고 하죠, 이 말이 굉장히 불쾌하고 정말 싫습니다. 제 친구가 경력단절 여성을 상담하고 커리어 진로를 도와주는 일을 하고 있는데요, 얘기를 들어 보면 늘 같은 패턴이에요. 유수의 기업에 다니다가 그만두고 아이를 낳고 키우다 다시 직장을 구하려는 순간 학습지 교사, 마트 직원, 외판원, 다단계, 이런 쪽밖에는 길이 안 보인다는 거죠. 그런 일이 나쁘다는 게 아니에요. 하지만 자신의 경력을 이어 가기 위해서는 어쩔 수 없이 플러스 알파의 무언가를 준비해 두고 출산과 육아의 길로 들어서는 것밖에 방법이 없다는 거죠.

공포와 불안을 누를 수 있는 방법은 그 길을 가지 않거나, 추가적인 뭔가를 많이 준비해 놓거나, 둘 중 하나인 것 같아요. 전 한편으로 이혼한 여성, 비혼 여성, 아이를 안 낳기로 한 여성에게 희망을 주는 존재가 되고 싶어요. 이런 사람들은 대부분 결핍된 존재로 여겨지잖아요. 그렇지 않다는 것을 보여 주고 싶어요.

^박 이제 청중분들과 함께 대화 나누는 시간을 가질 텐데요, 말씀하시고 싶으신 분들은 자유롭게 손을 들어 주시면 됩니다.

^{청중 1} 안녕하세요. 아까 하신 말씀 중 제가 평소에 궁금해하던 게 있어서 질문을 드리고 싶었어요. 내가 원하는 나의 행복이 내가 진짜 원하는 건지, 아니면 사회적으로 주입된 욕망인지 생각해 보라고 말씀해 주셨는데, 저는 어렸을 때부터 하얀 웨딩드레스에 대한 로망이 있거든요. 결혼은 하고 싶지 않고 제대로 된 남성을 찾을 자신도 없고, 그런데도 결혼은 해야 되지 않을까 하는 생각도 항상 들고요. 예전에는 잘 몰랐는데 최근에는 이게 내가 정말 결혼을 원하는 걸까, 아니면 사회가 결혼을 당연하게 생각하기 때문에 나에게 주입된 욕망인가 헷갈리더라고요. 이걸 어떻게 구분할까, 뭐가 진짜 내 행복이고 뭐가 사회적으로 주입된 행복인지 어떻게 구분할 수 있을까. 겪어 보는 수밖에 없을까요?

^곽 대부분의 여자들의 머릿속에는 예쁜 드레스를 입고 싶은 생각이 있죠. 예쁜 드레스를 입고 멋진 남자와 영원한 파트너가 되겠다고 약속하는 것, 그 자체로 환상적인 이벤트이고 강렬한 경험인 것은 맞으니까요. 저 역시 그랬어요.

어렸을 때 읽었던 동화에서 고생하던 여자 캐릭터는 언제나 멋진 남자와 만나 결국 결혼에 이르는 것으로 모든 고생 끝, 행복 시작이 되잖아요? 아주 어렸을 때부터 멋진 결혼, 멋진 남편, 내가 기댈 수 있는 시스템 그리고 내가 기댈 수 있는 듬직한 남자에 대한 갈망이 생겨날 수밖에 없었던 것 같아요. 그런데 문제는 동화 속과 현실은 서로 다르다는 것이겠죠. 동화 속에서는 성대하고 행복한 결혼식으로 '끝'이지만, 현실에서는 그것이 '시작'이잖아요? 결혼에만 잘 골인하면 '끝'이라고 쉽게 생각하는 것이 이와 관련한 결정을 잘못되게 만드는 가장 주요한 오류라고 생각해요. 그렇기에 더더욱 드레스에 대한 환상을 지우고 내가 그 이후의 삶을 정말로 원하는가에 대해 생각해 보는 것이 고민을 해결하는 가장 중요한 포인트라고 생각합니다. 결혼에 대한 욕망이 과연 무엇을 향한 욕망인지를 스스로에게 따져 묻는 것이죠. 우리는 사회를 떠나 살 수 없는 존재이고 따라서 우리에게 주입되는 다양한 욕망들로부터 완벽히 자유로울 수도 없지만, 고민해서 결정하는 사람과 고민 없이 결정하는 사람의 삶의 질은 다를 테니까요.

그럼 어떻게 하면 자신의 진짜 욕망이 어떤 것인지 똑바로 알 수 있을까요? 주입된 욕망들 속에서 어떻게 하면 자신이 더 원하는 쪽을 택할 수 있을까요? 그저 '나도 드레스를 입긴 입어야 하는데'라는 생각이 든다고 말씀하셨지만 이 고민의 기저에는 '다른 여자들처럼 평범하게 결혼해서 사는 삶'과 '혼자서 자유롭게 사는 삶'이라는 두 가지 상반된 삶이 존재해요. 단순히 드레스를 입을까 말까의 문제가 아니라, 어떻게 사는 것이 나다운 삶인지 쉽게 답을 내릴 수 없는 것은 당연하죠. 이 결정을 내릴 때 단지 '결혼을 할까, 말까'의 문제에 빠지지 않아야 한다고 저는 생각해요. 자신이 지금 일상에서 어떤 순간 가장 행복을 느끼고 있는지, 일을 통해 성취감을 느끼는 것이 가장 나답다고 느끼는지, 아니면 누군가를 보필하고 또 보살핌을 받는 과정에서 가장 큰 행복을 느끼는지 따져 물어야 한다는 것이죠. 만약 일이 가장 소중하다면 일을 최우선으로 놓고, 그런 당신의 일이 가능하도록 하는 시스템을 만들어 가야 한다는 겁니다. 그게 결혼이든 동거든 비혼이든 말이에요. 많은 경우 자기가 중요하다고 생각하는 것을 버리고 남들이 중요하다는 것을 우선순위로 고려하다 보니 어느 순간 자신의 삶이 공허하다고 느끼고 스스로에게 실망하기도 하거든요. 이렇게 자신이 원하는 삶의 가치가 무엇인지 깊이 고민하다 보면, 누가 곁에 있든 없든 자신이 원하는 삶의 모습을 오래 유지할 수 있다고 생각해요.

마지막으로, 자신이 갖고 있는 욕망이 나의 욕망인지 주입된 욕망인지가 궁금하시다면 그 특정한 욕망의 반대편에 서 있는 사람들의 이야기를 많이 들어 보시기를 권해요. 이 과정은 물론 수월하지 않아요. 멋진 웨딩드레스나 호화로운 결혼식, 알콩달콩한 신혼 생활 같은 것들은 끊임없이 미디어를 통해 또 지인들과의 대화를 통해 노출되겠지만 비혼의 삶, 아이 없는 삶, 혼자 늙어 가는 삶, 반려견과 함께하는 삶처럼 '아직은 주변부의 삶'처럼 여겨지는 형태들은 힘써 찾아보지 않으면 쉽게 눈에 띄지 않거든요. 저는 수많은 사람들을 만나고, 또 다양한 삶을 살아가고 있는 여성들을 만나 이야기를 듣는 직업을 가졌던 덕분에 '나는 어느 쪽 삶을 더 욕망하는가'에 대해 더 쉽게 많은 생각을 할 수 있었어요. 《아이 없는 완전한 삶》, 《혼자 산다는 것에 대하여》처럼 혼자 살거나 아이를 낳지 않고 사는 삶에 대해 연구한 사람들의 목소리를 찾아 읽기도 했고요. 내 눈에 보이는 정보가 아니라, 문제의식을 느끼고 '내 의식을 통해 적극적으로 찾아낸 정보'를 종합적으로 고려했을 때 우리는 오류를 최소화하고 자신의 핵심에 더 가까운 결정을 내릴 수 있다고 생각합니다.

청중 2 큰 사건을 겪지 않더라도 환멸이라는 것을 때때로, 혹은 날마다 느끼기도 하잖아요. 근데 곽정은 작가님은 어떻게 그런 것을 어떻게 에너지로 결집시켰는지, 술을 먹거나 방황하는 시간으로 허비하지 않고 에너지로 만들 수 있었던 계기가 무엇이었는지, 그 이야기를 조금 자세히 듣고 싶습니다.

곽 취업에 계속 실패할 때, 그리고 이혼했을 때 정말 죽고 싶었죠. 누워서 나는 쓸모없는 인간이니까 죽는 게 맞는 거라고 생각하던 어느 순간, 책장이 보이더라고요. 저기 있는 책만 다 읽고 죽어도 더 나은 사람으로 죽는 것이지 생각했고, 내가 가진 환멸의 에너지를 가지고 뭔가 다른 걸 할 수 있을지 모른다고 생각했어요. 저는 어렸을 때 혼자 집에 있어야 할 때가 많았는데 그때마다 책이 친구가 되어 주었기 때문에 환멸이 극단에 이른 순간에도 결국 생각은 책으로 연결되었던 거죠. 아주 자연스러운 체험이었기 때문에 '환멸 에너지를 무엇무엇으로 치환하자' 하는 결심 같은 것이 아니라 그저 내가 가장 편안하다고 생각했던 무언가에 기댔던 것 같아요.

저에게는 글을 쓰는 일이었지만 저마다 다르게 그런 작용을 하는 것이 하나씩은 있을 거라고 생각해요. 운동이 될 수도 있고, 종교가 될 수도 있고. 즉, 자신이 뭘 원하는지 스스로와 직면하는 시간이 필요해요. 그때 깨달은 건데, 저는 저와 대화를 해본 적이 없더라고요. 사람들에게 그렇게 이야기를 하고 방송에서 그렇게 떠들고 했지만 누구도 제게 물어보지 않았어요. '곽정은, 너는 무엇을 원하지? 무엇이 힘들었지? 무슨 에너지로 살아왔지? 왜 지금 이것을 고통스럽게 생각하고 있지?' 이런 것들을 스스로 물어본 게 처음이었던 것 같아요. 나의 가장 좋은 친구는 남이 아니라 나 자신이 되어야 한다고 생각해요. 연인과의 문제든 커리어의 문제든 자기 자신과 직면해야 돼요. '내가 지금까지 무엇이 두려워서 이런 결정을 했을까? 이제는 두려움이 아니라 나의 행복을 위해 결정하겠어, 내 인생의 전환의 축을 만들 거야'라고 생각하는 순간, 전 정말 달라졌습니다.

제가 이야기를 하면서 결혼과 이혼에 관한 내용을 빼놓지 않는 데는 이유가 있어요. 전 두려움을 가지고 서른 살까지 계속 살아왔거든요. 사람들이 저에 대해 가지고 있는 부정적인 편견의 핵심에 제가 했던 가장 좋은 선택이 있다는 것을 저는 잊지 않아요. 생각의 축이 바뀌는 경험을 했던 바로 그 선택을 존중하고요. 나를 직면하는 최초의 경험이었기 때문에 그런 식으로 다른 결정도 하려고 노력해왔던 것 같아요. 그래서 버틸 수 있는 거죠.

박 긴 시간이 흘렀습니다. 마무리 말씀 부탁드릴게요.

곽 제가 예전에 썼던 글의 중심에는 '남자'가 있었어요. 남자는 어떤 사람인지, 남자는 뭘 좋아하는지, 남자에게 사랑받으려면 어떻게 해야 하는지. 여자의 삶도 그 자체로 의미가 있는데 항상 '남자 없으면, 남자 있으면'이라고 가정하고 시작했죠. 돌아보면 후회되는 글도 있어요. 하지만 저도 이제 정신 차린 사람으로 하루하루 변해 가는 중입니다. 여자라는 존재 그 자체로 완전하다고 여러분도 생각하면 좋겠습니다. 시간이 너무 아쉽네요. 나만 아쉬운가?(웃음)

^박 아닙니다. 지금 모두가 아쉬워하고 있어요. 질문하고 싶다고 손을 들어 주신 분들이 여러 분 계신데 다 받지 못해 정말 죄송하고요, 오늘 긴 시간 함께해 주셔서 고맙습니다. 작가님께 다시 한 번 박수 부탁드립니다.(박수)

김희경

일하는 여성이 아니라
일하는 사람으로

18년간 〈동아일보〉 기자로 지냈고, 일과 삶의 전환을 거쳐 국제 개발 NGO인 세이브더칠드런의 사업본부장으로 일했다. 비슷한 전환을 감행한 15인과의 인터뷰를 담은 책 《내 인생이다》를 비롯해 《나의 산티아고, 혼자이면서 함께 걷는 길》 등 3종의 책을 썼고, 다수의 책을 번역했다.

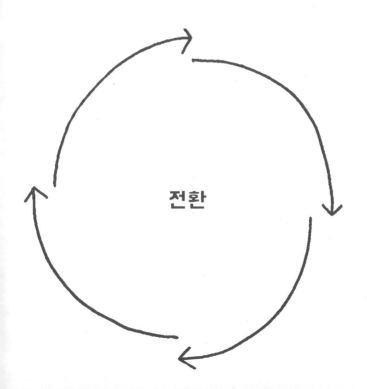

전환

박태근(이하 박) 기획 대담 〈여성의 일, 새로고침〉에 함께해 주신 여러분 반갑습니다. 오늘은 두 번째 시간입니다. '전환'이라는 키워드로 얘기를 들려주실 김희경 본부장님을 모셨습니다. 먼저 본부장님께서 '일하는 여성이 아니라 일하는 사람으로'라는 주제로 강의를 해주시겠습니다. 그럼 김희경 본부장님, 박수로 모시겠습니다.(박수)

김희경(이하 김) 안녕하세요, 김희경입니다. 반갑습니다.(박수) 여기까지 와주신 여러분께 감사드립니다.

　'전환'이라는 키워드를 받고 무슨 이야기를 나누면 좋을까 생각하다가, 지금까지 사회생활 25년을 하면서 제가 여성으로서, 그냥 한 '사람'이 아니라 '여성'의 관점에서 제 일의 역사를 생각해 보는 게 이번이 처음이라는 사실을 깨달았어요. 그만큼 제게 젠더 의식이 부족했다는 생각이 드네요. 그렇게 일하는 여성으로서의 나 자신을 생각해 보는 것이 과거의 갈등을 다시 떠올리느라 힘든 시간이기도 했고, 또 현재의 제가 서 있는 위치에 대해서도 다시 생각해 보는 좋은 계기이기도 했습니다.

　저를 성공한 여성이라고 할 수는 없고, 그렇기 때문에 오늘 여러분과 나눌 이야기도 성공의 경험이라기보다는 실패담이 훨씬 많을지 몰라요. "이렇게는 하지 맙시다" 뭐 이런 것들이 많을 것 같으니, 오늘 여러분은 저를 반면교

사로 삼아 '저 사람처럼 하지는 말아야지' 생각하며 돌아가시면 되지 않을까 싶습니다.(웃음)

오늘 제 주제는 '일하는 여성이 아니라 일하는 사람으로'인데요, 과거 제가 18년 동안 기자로 일한 직장은 남자가 거의 90퍼센트였어요. 지금은 신문사에 여기자들이 많이 늘어났지만, 그때는 한 번 뽑을 때 여기자를 한 명씩만 뽑았거든요. 반면 지금 일하는 직장은 거꾸로 여성이 거의 90퍼센트쯤 됩니다. 극에서 극으로 움직인 셈이죠. 그래서 저는 남자가 과도하게 많은 곳에 있다가 지금은 여자가 거의 대다수인 직장으로 옮기면서 어떤 차이점을 발견했는지, 또 여전히 바뀌지 않는 것은 무엇인지에 대해서 말씀드릴 수 있을 것 같습니다.

여성으로서의 첫 자각 그리고 '명예남성'

제가 일하는 여성으로서 스스로를 자각한 건 일을 시작하면서부터였어요. 그냥 여성임을 자각하는 계기는 물론 그 전에도 있었지만 일하는 여성인 나를 깨닫게 된 첫 계기는 일을 시작한 바로 그 순간부터였습니다. 입사 동기가 열두 명인데 그중 여성은 저 하나였어요. 들어와서 보니까 제 위아래로도 다 여기자는 한 명씩만 뽑았더라고요. 그 뒤로 4~5년쯤 지난 뒤부터는 워낙에 지원하는 여성들이 많고 그중 우수한 인재들도 많았기 때문에 점차 숫자를 늘려 지금은 거의 절반쯤 될 거예요. 사실 그냥 점수로만 따지면 여성이 지금보다도 훨씬 많이 뽑힐 테지만요.

그러니까, 전 사회생활을 홍일점으로 출발한 거예요. 남자 동기들은 저더러 "어딜 가도 눈에 띄니까 좋겠다" 그랬어요. 기자들이 똑같이 우르르 몰려가도 취재원이 여기자를 더 잘 기억하니까요. 그런데 좋은 것보다는 오히려 불편한 게 더 많았습니다. 홍일점으로 살기 시작하면 늘 남의 시선을 의식하게 되거든요. 사람들이 '어디 얼마나 잘하나 두고 보자' 하고 지켜보는 기분이 드는 거죠. 또 여자를 딱 한 명으로 제한했다는 뜻은 나한테 기회가 그만큼 제한되어 있다는 의미로도 여겨져요. 사회생활의 출발선상에서부터 그런 조건에 놓이게 됐습니다.

그때 수습 기간 6개월 동안 거의 5개월은 사회부 소속으로 경찰서를 돌았어요. 당시엔 〈동아일보〉가 석간신문이어서 새벽 4시부터 밤 11시까지 계속 돌아야 되었거든요. 집에 거의 못 갔어요. 그냥 경찰서 숙직실 같은 곳에서 같은 라인을 도는 다른 신문사 수습들이랑 같이 자는 거죠. 너무너무 터프한 상황에 남녀 불문하고 다 던져져 도제식 교육으로 구르면서 잘하는 선배들을 보고 따라 배웠어요. '아, 저렇게 해야 되는구나.' 이런 식으로 일을 배우는데 잘하는 선배들이 다 남자들이에요. 남자가 많으니까 그럴 수밖에 없었겠죠. 그 상황에서 매우 쉽게 빠지게 되는 함정이 바로 '명예남성'이 되는 겁니다.

명예남성이라는 단어를 들어 보신 분도 있을 텐데, 간단히 설명하자면 '나는 여성이지만, 일반 여성들과 다르다'라고 생각하는 거예요. 남성의 방식을 배우려고 애쓰면서 일하다 보니, 흔히들 여성적 속성이라고들 하는 약한 것이나 부드러운 것에 대한 멸시가 강해지면서 스스로를 남성과 동일시하게 되는 순간들이 점점 늘어납니다. 누가 내 앞에서 음담패설을 하면 대범한 척 웃고, 모두 룸살롱에 가면 대범한 척 같이 가고. 젠더 의식 같은 것은 없는 척, 젠더 의식에 매우 날카롭게 각이 서 있는 여자들을 보면서 "쟤는 너무 까칠하다"라는 이야기를 남자들이랑 나눌 때도 있고요. 부끄럽게도 그렇게 명예남성이 되어 가는데, 여기서 또 아이러니가 생겨요. 명예남성이 된 여성들은 자신이 남자들에게 위협이 될 만한 존재는 되지 않도록 조심한다는 거죠. 아무튼 그렇게 명예남성과 같은 태도가 몸에 배어 버리니까 어느새 제가 "아, 여자들이랑 일하는 거 왜 이렇게 힘들어"라는 말을 하고 있더라고요. 그래서 제가 처음 시작할 때 제 이야기는 실패담이라고, 저처럼 살지 마시라고(웃음) 그런 겁니다.

"여자의 적은 여자다"라는 말도 흔하잖아요. 저는 그 말이 제가 겪은 것과 같은 상황에서 생긴 게 아닐까 생각해요. 우선, 여성의 자리를 딱 하나로 정해 두면, 그 한 자리를 놓고 여성들끼리 경쟁할 수밖에 없는 거예요. 예를 들어 제가 입사했을 땐 제대로 된 기자라면 모름지기 수습이 끝난 뒤에도 사회부에 남아 경찰 기자를 해야 한다는 불문율 같은 게 있었어요. 잘나가는 선배는 전부 사회부 경찰 기자 출신이고, 몇몇 여기자들도 경찰 기자를 하려고 아등바등했죠. 근데 경찰 기자 팀에 저보다 1년 먼저 입사한 여자 선배가 있었어요. 그래서 수습 끝났을 때 성적이 나쁘지 않았는데도 저는 그 팀에 들어가질 못했죠. 여자는 한명만 있어야 되니까. 그때 경찰 기자 팀을 이끌던 선배가 울고불고 항의하던 저를 달래다가 "1년 뒤에도 네가 사회부에 오고 싶은 마음이 있는지 보자. 그때도 오고 싶다면 받아 주겠다" 그러더라고요. 그러니까 이 선배는 경찰 기자가 여자로서는 견디기 매우 어려운 환경이니 내가 다른 부서에 가서 좀 편해진 뒤에도 오겠다고 할 리가 없다고 생각했던 거죠. 그 선배가 그렇게 말하지 않았더라면 저도 다시 가겠다고 하지 않았을지 몰라요.(웃음) 무슨 오기가 발동했는지 다이어리에 적어 놨다가 정확히 1년이 되는 날 그 선배를 찾아갔어요. "저 다시 왔습니다, 받아 주세요" 했죠. 마침 여자 선배도 인사이동을 해야 하는 상황이라 그 자리에 제가 들어갔어요. 그랬더니 또 저보다 1년 뒤 입사한 여기자는 자기도 경찰 기자 하고 싶은데 저 때문에 못 하게 되는 거예요. 그 후배는 얼마나 제가 밉겠어요. 그래서 한동안 그 후배와 관계가 냉랭했어요. 나중엔 아주 친해지게 됐지만요. 그렇게 자리를 제한해 놓고 여자끼리 경쟁시키니 '저 여자 때문에 내가 못 갔어'라고 생각해 버리기가 쉬운 거죠. 구조 자체와 싸우는 건 어려운 일이니까요.

'여자의 적은 여자'라는 말이 나오게 된 또 하나의 이유는, 부끄러운 과거의 저처럼 명예남성화된 여성들이 여성을 경멸하는 경향을 보이기 때문이 아닐까 생각해요. 그들은 자기 자신을 여성 일반에서 분리시키려고 하기 때문에 다른 여성이 여성적 속성을 드러내는 것을 못 견뎌 해요. 예를 들면 이런 겁니다. 직장을 다니던 제 친구가 막 결혼을 했는데, 남편이 박사 후 연구 과정으로 외국에 가게 됐어요. 친구가 휴직을 하고 남편과 함께 나갈까 고민하고 있던 중 그 직장의 높은 지위에 계신 여성 상사가 친구를 불러서는 다짜고짜 "가지 마라, 지금까지 여자들이 이렇게 길을 뚫어 놨는데 네가 그런 이기적인 이유로 휴직을 하면 누가 앞으로 여자를 뽑겠냐"라며 나무랐다는 거예요. 자신은 일과 가정의 양립은커녕 사생활과 가정을 다 희생해서 여기까지 올라왔는데, 자기보다 어린 여자들이 일과 가정을 다 가지겠다고 하는 걸 보니 이기적이라고, 약하다고 생각하고 폄하하게 되는 거죠. 이런 경향이 명예남성이 된 여성들 사이에 꽤 만연합니다. 저는 지금은 비혼 상태지만 경찰 기자가 된 직후에 결혼을 했었어요. 직장에서 사회부 경찰 기자 사상 최초의 유부녀 기자가 되고 보니 분위기가 묘하더라고요. 결혼한다고 한 뒤 직장의 여자 선배에게서 처음 받은 질문이 "바로 애 낳을 건 아니지?"였어요. 이렇게 여성적인 상황을 드러내는 것을 멸시하는 태도가 자기 자신을 남성과 동일시하는 여성들에게 매우 많이 나타나기 때문에 '여자의 적은 여자'라는 말이 생긴 게 아닐까 하는 생각도 들고요.

그런데 명예남성이 된 여성들도 자신을 완전히 남성과 동일시하는 건 불가능하기 때문에 끊임없이 이중적인 감정에 시달립니다. "여자는 역시 안 된다, 여자니까 뭔가 불편하다" 이런 말 안 들으려고 온갖 상황에 다 따라다녀요. 물론 지금은 없어진 관행이지만 심지어 룸살롱도 따라갔죠. 그러면 제 옆에도 아가씨를 붙여 줘요. 그럼 서로 민망하니까 오징어 잘라서 서로 주고받고 할 때도 있고……(웃음) 그 자리를 뛰쳐나가지 않고 계속 앉아 있다 보면 다음 날 남자 선배가 "너 어제 언니하고 잘 놀더라?" 이러면서 그런 자리에 데려가도 안전한 여자라는 인증을 하는 건지 뭔지 모를 애매한 덕담을 해요. 근데 정작 저는 스스로가 참 한심하잖아요. '지금 오징어 찢어 먹으면서 뭐하고 있나' 싶은 거죠. 나 자신이 여성인데 이게 대체 뭐 하는 짓인가, 이런 상황에 처해 있는 스스로에 대한 한심함. 하지만 또 안 갈까 싶어도 "여자니까 역시 불편하다"라고 할까 봐 끊임없이 갈등해요. 이런 이중적 감정이 사라지지 않는데, 이런 사람에게 무슨 자존감이 있겠어요. 그래서 자존감이 바닥으로 떨어지는 거예요. 안정적인 자아를 갖기가 매우 어려운 상황이 되더라고요.

부끄러운 짓도 많이 했어요. "여자라서 저래" 하는 소리를 내가 듣기 싫으니까 다른 여자들이 듣는 상황도 싫은 거죠. 한번은 술자리에서 폭탄주를 말아서 돌리다가요, 빨리 돌려야 되는데 한 여자 후배가 술을 안 마신 채 들고 있길래 얼른 마시라고 윽박질러서 울린 적도 있어요.(웃음) 너무 창피한 일이죠. 여러분은 저처럼 살지 마세요.(웃음)

이런 상황 속에서 끊임없이 이중적인 감정에서 벗어나지 못하고 있었죠. 일을 잘해서 칭찬받고 내가 남자와 다를 바 없다고 생각하는 상황에서는 우쭐해 있다가, 룸살롱 일 같은 걸 한번 겪고 나면 내가 정말 이상한 사람 같고……. 안정적인 자아, 자존감이 없는 상태로 매우 오랜 기간을 지냈던 것 같아요.

여성임을 인정하게 된 사건

그러다가 그게 깨지게 된 계기가 있었어요. 저로서는 일종의 변곡점이라고 할까요. 2006년에 여러분도 신문에서 다 보셨을 텐데, 국회의원 최연희의 여기자 성희롱 사건 아시죠? 그 피해자가 저희 신문사 후배였어요. 그 후배가 사건 당일 어떻게 했는지 듣고 눈물이 나더라고요. 박근혜 대통령이 그때 당 대표였고, 최연희 의원이 사무총장이었어요. 당의 중진들이 쫙 모여 있고 우리 신문사의 정치 팀이 같이 술을 먹는 자리였어요. 그 기자가 최연희 의원에게 성희롱을 당하자마자 거세게 뿌리치고 앞으로 달려 나갔대요. 다들 술 마시고 노래도 부르고 하던 상황이었는데 이 후배가 노래를 끄고 마이크를 빼앗아서 "내가 지금 누구누구에게 성희롱을 당했다"라고 이야기하고 뛰쳐나간 거예요. 그런 다음에는 "이건 기사 써야 된다, 공당의 사무총장이 한 짓이니까 기사를 써야 한다"라고 주장해서 바로 다음 날 기사가 나갔어요. 정말 용감한 친구예요. 그 친구가 정말 용감하게, 강하게 주장하니까 보수적인 신문사였음에도 꽤 큼지막하게 기사를 실었어요.

그렇게까지 하고 신문사에서는 "됐다, 이제 여기서 마무리하자" 했지만, 이 친구는 "나는 사과를 받지 못했다. 저 사람은 응분의 처벌을 받아야 한다"라고 했죠. 당시에는 성범죄가 친고죄였어요. 지금은 친고죄가 폐지돼서 제3자도 고발을 할 수가 있지만 그땐 당사자만 고소를 할 수가 있었죠. 회사에서는 사건이 커지는 걸 무마하려고 피해자에게 고소하지 말라는 압력을 계속 넣었는데, 이 압력이 점점 세져서 거의 2차 가해처럼 되어 버린 거예요. 최연희 의원은 계속 책임 회피 발언만 하고 있고요. 결국 상황을 보다 못한 기자들이 사내 게시판에 의견을 모아서 공동으로 최연희 의원을 고발했습니다. 기자 122명이 공동 서명에 참여했어요. 친고죄 범죄라 기자들의 고발로 수사가 자동적으로 개시되는 건 아니지만, 적어도 검사가 "당신들은 당사자가 아니어서 고소를 할 권한이 없다"라는 대답이라도 해야 되거든요. 당시엔 이미 사회적 이슈가 된 상황이어서 기자들이 단체로 고발하면 검사가 무시하긴 힘들 거라는 생각이 있었죠. 그때 제가 다른 후배와 함께 공동 서명을 하자고 제안하고 고발인 대표를 맡았어요. 결과부터 말씀드리면, 최연희 의원은 1심에서 실형을 받았지만 상대적으로 사회적 관심이 가라앉은 뒤에 진행된 2심에서는 선고 유예가 되면서 흐지부지 상황이 끝나 버렸죠. 한 1년쯤 끌었던 것 같아요.

제가 고발인 대표를 맡았을 때 선배들이 물어보더라고요. "너 개랑 친해?" 안 친했어요. 그 전까지 밥 한 번 같이 먹은 적이 없는 후배였는데도 제가 그렇게 나서게 된 이유가, 일단 분노를 참을 수가 없었어요. 사건 자체에 대한 분노도 컸고, 편집국장이 피해자를 직접 불러 고소를 하면 회사의 명예가 실추되고 정치적으로 이용당하고 운운하며 피해자에게 2차 가해를 가하는 식으로 전개되는 상황에 화가 많이 났고요. 또 한 가지는, 그때가 2006년이니까 제가 꽤 회사 생활을 했을 시점인데, 만약 나였다면 그 후배처럼 행동하기 어려웠을 것 같은 거예요. 저도 성희롱 비슷한 상황에 처한 일이 있지만 그 친구처럼 그렇게 해본 적이 없더라고요. 싫은데도 그냥 웃으면서 넘어가고 은근슬쩍 회피하고. 나는 그렇게 대처하지 못했던 걸 생각하니 과거에 대한 수치심이 느껴지면서, 더 이상 그런 마음을 안은 채 살고 싶지 않다는 생각이 좀 강하게 들더라고요. 그때 그 일을 겪으면서, 일터에서의 제 태도가 많이 바뀌었습니다.

여러분, '인지 부조화'라는 말 들어 보셨을 거예요. 처해 있는 상황과 자신의 생각이나 가치가 다를 때, 사람들은 흔히 세 가지 방법으로 인지 부조화를 해결한다고 해요. 하나는 환경을 바꾸는 것이고 두 번째는 그 환경을 떠나는 것, 마지막으로 자신의 생각을 바꾸어 환경에 맞추는 거죠. 저는 그때 환경을 바꿀 수 있고, 바꿔야 한다고 생각했어요. 그래서 그 뒤로 꼭 여성 문제만이 아니라 신문의 전반적인 문제, 공정 보도 같은 사안에 대해서도 제 목소리를 내며 함께하기 시작했어요. 예전의 나와는 다르게 살겠다고 생각하게 된 게 그 시점입니다.

그러다가 한 3년 정도 흘렀는데, 안 바뀔 것 같더라고요.(웃음) 그리고 선배들을 봤어요. 남아 계신 분들 대부분은 생각을 바꿔서 적응하는 방식을 택한 것 같았어요. 그런데 저는 그렇게는 살지 못할 것 같더라고요. 그래서 정말 그만두기로 결심하려는 찰나에, 또 사건이 터졌어요. 제가 그만둔 게 2009년인데, 그해 초에 여기자 후배 둘이 찾아온 거예요. 연차가 많이 차이 나서 이름만 들었지 얼굴은 잘 몰랐던 어린 후배 두 명이었는데요, 상급자가 성희롱을 했대요. 문제를 제기하려고 하니까 부서 안에서 다 참으라고 했다는 거예요. 그런데 이 용감한 두 후배는 참을 수가 없어서 문제를 제기할 방법을 궁리하다가 2006년 성희롱 사건에서 고발인 대표를 했던 두 사람을 찾아온 거더라고요.(웃음) 다시 그때부터 회사와 새로운 실랑이가 시작됐죠. 결국 회사에서 처음으로 성희롱 예방 교육을 실시하고, 해당 상급자를 인사이동시키는 것까지 보고 저는 바로 회사를 그만뒀습니다. 저를 찾아왔던 후배 두 명과 함께 마지막 날 조촐한 저녁 식사를 함께하는 것으로 18년 회사 생활을 마무리했어요.

이렇게 첫 일터에서는 여성임을 부인해야 하는 상황으로 출발했다가 결국 여성임을 자각할 수밖에 없는 상황 속에서 직장 생활을 끝낸 셈입니다. 일터의 조건 말고 일 자체만 놓고 봤을 때 여성으로서 어려운 점은 없었나 생각해 보면, 아무리 생각해도 일터의 환경과 일 자체를 분리할 수는 없는 것 같아요. 남성 우위의 한국 사회에서 매우 가부장적인 유착 체계에 익숙한 방식으로 취재를 해야 했기 때문이죠. 술자리를 하고, 같이 사우나 가고 그러면서 취재를 하는 게 관행처럼 되어 있어서 거기에 못 들어가면 일에서도 자격 미달인 것처럼 보는 경향이 있었어요. 앞서 제가 두 건의 성희롱 사건을 말씀드렸는데, 둘 다 2차 가해가 어떤 식으로 오냐면요, 성희롱 같은 일을 공론화하는 순간 남자 선배들이 "그러게 여자가 거길 왜 따라가" 혹은 "걔가 술 마시는 거 워낙 좋아했어"라는 이야기들을 하는 거예요. 대부분 그래요. 두 사건이 똑같았어요. 평소에 여기자들이 그런 자리에 안 간다고 하면 "여자니까 안 간다"

면서 비난하잖아요? 이렇게 여성들이 뭘 해도 욕먹고 안 해도 욕먹는 일터의 환경이 유독 신문사만은 아닐 거라고 생각합니다. 남성이 중심이 되어 구조에 대한 어떤 비판적인 성찰도 없이 쭉 굴러온 조직 대부분은 비슷한 환경이 아닐까 싶어요. 그런 환경을 제외하고 기자 일 자체로 보자면, 여자라서 하기 어려운 점은 없었던 것 같아요.

'여성'이라는 고정 관념

예전 직장에선 남자가 절대다수였다면, 지금은 여자가 절대다수예요. 일하는 환경에 정말 큰 차이가 있어요. 극과 극이죠. 지금은 예를 들어 육아 휴직을 쓸 때 느끼는 부담, 이런 거 거의 없어요. 우리 직원들은 모두 자유롭게 육아 휴직을 쓰고 있어요. 사내 정치가 없다는 것도 큰 차이 같고요. 그런데 이게 여성과 남성의 차이인지는 잘 모르겠어요. NGO가 사내 정치를 통해서 줄을 잡고 올라가 출세하려는 곳은 아니잖아요.(웃음)

그런데 여성이 이렇게 많음에도 불구하고 여전히 이사회, 이사장, CEO는 전부 남자예요. 일반 기업뿐 아니라 NGO, 제3섹터 쪽에도 최고 경영진은 대부분 남자라는 통계를 어딘가에서 본 적이 있는데, 우리도 마찬가지인 것 같아요. 다른 NGO들도 남자가 회장인 경우가 꽤 많고요. 바뀌어 가고 있긴 하지만요. 저희도 이전 CEO는 여자였거든요. 전반적으로 변화의 과정에 있고, 변화를 더 밀어붙여야 하는 그런 상황이라고 할 수 있습니다.

앞서 제가 명예남성이었다고 자백했죠. 제 안의 명예남성, 그냥 농담으로 '내 안의 꼰대'라고 부르는데(웃음) 내 안에 죽지 않은 꼰대가 아직도 있어서 이 직장에 와서 물의를 빚은 적이 몇 번 있었어요. 제가 꼰대 짓을 하면서 애들을 자꾸 혼내더라고요. 예전 직장에서의 성과 지향적인 태도가 몸에 배어 있기도 했고, 기질도 그렇고 해서 직원들을 많이 울렸어요. 제가 울려 놓고 울면 또 왜 우냐고 혼내고.(웃음) 초반에 그런 실수를 좀 많이 했죠. 반성 많이 하고 착한 사람이 되려고 노력하고는 있긴 해요.(웃음) 그러면서 한동안은 좀 낯설게 느껴져서 '여자들이라서 그런가' 싶었던 게 있는데요, 뭐냐면 '여자들이 좀 일을 무서워하나?' 같은 생각이에요. 모든 일을 무서워하는 게 아니라 터프한 일, 예를 들어 밀고 당기는 협상을 통해 뭔가를 따내거나, 거절을 당할 게 뻔히 예상되지만 끈질기게 뭔가를 주장하고 밀어붙여야 하는데 상대가 권력의 우위에 있거나 산전수전 다 겪은 중년 이상의 남자인 상황, 이럴 때 무서워하는 거죠. 또 어떤 책임을 맡기면 확 덤벼들어서 하기보다는 "제가 할 수 있을까요, 경험이 없어서요, 고민해 볼게요"라면서 소극적으로 응하는 경우가 많더라고요. 왜 그럴까 생각해 보다가 제가 내린 잠정적 결론은 이랬어요. 여성이 다수인 직장에서 일터의 성차별적인 환경은 제거가 됐지만, 여성의 마음속에 있는 내면의 장벽 같은 것, 그건 여전히 있는 것 같더라고요. 젠더 고정 관념의 악영향이 여성이 다수인 직장에도 여전히 남아 있다는 생각이 듭니다.

젠더 고정 관념을 다룬 미국의 유명한 심리학 실험이 있어요. 여자가 남자보다 수학을 못한다는 고정 관념이 있잖아요. 그래서 실험에서 한 그룹에는 "여자가 수학에서 남성에 비해 우수하지 못하다"라고 말해 준 다음 수학 시험을 보게 했고, 한 그룹에는 그런 이야기 없이 시험을 보게 했어요. 그랬더니 시험을 보기 전에 부정적인 젠더 고정 관념에 대한 이야기를 들은 그룹에 속한 여성의 성적이 더 나빴대요. 그게 수학만이 아니라 골프 같은 운동으로 실험을 해도 똑같았다는 거예요. 근데 여성만 그러느냐, 그게 아니라 흑인이나 라틴계, 또는 사회 경제적인 지위가 낮은 사람들을 대상으로 실험을 해도 똑같았대요. 그러니까 성별 역할, 계층별 역할에 대한 부정적인 고정 관념이 역량과 성과에 영향을 끼치고, 따라서 "그것 봐, 여자는 역시 수학을 못해"라는 부정적인 고정 관념이 재생산되는 거죠. 이런 악순환의 구조가 있다는 겁니다.

직장은 그런 부정적인 고정 관념의 지뢰밭이라고 할 수 있어요. 왜냐하면 보통 남자들이 워낙 다수에, 유능한 직업인이라면 대개 남자들인 경우가 많잖아요. 유능한 것, 직업인의 긍정적 이미지는 남성상과 연결되어 있지 여성상과 연결되어 있는 경우는 별로 없어요. 그래서 대체로 남성이 잘한다고 간주되는 영역의 일을 해야 하는 상황이 닥치면, 여성의 성 역할에 대한 부정적 고정 관념이 떠올라 멈칫멈칫하게 되고, 그게 일할 때의 스트레스와 불안감으로 연결되어 매우 소극적인 태도로 드러나는 것 아닐까 싶어요. 여성이 다수인 직장에서도 그런 내면적인 장벽은 여전하다는 것을 이번 직장에 와서 느끼게 된 거죠.

또 예전 직장과 다른 점을 꼽자면, 직원들이 우는 모습을 자주 봐요. 전 직장에서 여자가 우는 모습은 10년에 한 번 볼까 말까 한 일인데, 여기서는 많이들 웁니다. 여자가 직장에서 운다고 하면 다들 싫어하잖아요. 여러분 중에 직장에서 울어도 괜찮다고 생각하는 분 손들어 보세요.(두세 명 손 듦) 예, 저도 지금은 그럴 수 있다고 생각하게 됐지만 예전엔 그렇지 않았습니다. 처음엔 직원들이 울 때 정말 감정적으로 싫었는데, 시간이 지나면서 잘 살펴보니 맥락이 전부 다르더라고요. 어떤 사람은 비판이 부당해서 울고, 다른 사람은 힘들어서 울기도 하고, 어떤 경우엔 나를 신뢰하기 때문에 자기의 감정을 다 드러내다가 울기도 하고…….. 전부 다른데 싸잡아 비난할 수 없다고 생각하게 됐어요. 예를 들면 제가 매우 높이 평가하는 한 직원이 정말 잘 우는데, 비판 때문이 아니라 자신이 하는 일에 너무 감정적으로 밀착되어 있기 때문이에요. 지금 하는 일에 자신을 거는 것은 좋지만, 일이 전부이고 일을 빼면 아무것도 아닌 사람이 될 정도로 지나치게 감정적으로 밀착되지 않았으면 좋겠다, 그 친구와 그런 이야기를 나눈 적도 있습니다. 남자들은 직장에서 화 잘 내잖아요? 직장에서 우는 건 나쁘고 화내는 건 괜찮습니까? 화내는 것도 나쁘죠. 그런데 직장에서 과도하게 화내는 것에 대해서는 뭐라고 하지 않으면서, 여성들이 우는 것에 대해서는 지나치게 많은 비판을 하는 것이 아닌가 생각하게 됐어요. 그게 제가 지금 직장에 와서 달라진 면모예요. 여성이 직장에서 우는 것을 예전엔 매우 싫어했는데, 지금도 물론 좋아하지는 않지만(웃음) 그것 자체를 문제 삼지는 말아야 한다고 생각합니다.

야망은 기질일까, 학습일까

또 하나는, 여성의 수직적 야망에 대한 얘기예요. 8월 초에 어느 글로벌 광고 대행사 CEO가 인터뷰를 했다가 구설수에 휘말렸다는 기사를 봤어요. 그 사람이 여성의 유리천장에 대해서 이야기하다가 "유리천장이 문제가 되는 경우는 없다. 여성은 원래 위로 올라가려는 수직적 야망이 부족하다"라고 말해서 난리가 났었죠.

이 말을 듣고 저도 황당하다고 생각했지만, 한편 주변을 둘러보니 수직적 야망이 강한 여자가 별로 눈에 띄지 않더라고요. 힐러리 클린턴을 보면서 여성이 유리천장을 뚫고 올라가야 한다고 생각하고 OECD 국가 중 한국의 여성 리더의 수가 가장 적다는 통계를 보면 분개하지만, 정작 기자 시절 취재를 하면서 만난 유능한 여성들 중에도 "리더가 되겠다, 올라가겠다" 하는 야망을 드러낸 여자가 별로 없었어요. 그렇다면 저 CEO의 발언이 엉터리가 아니라 사실을 말한 것일까, 헷갈리기 시작했죠. 예를 들면 저도 본부장이 된 지 1년 됐는데, 처음 이 자리를 제안받았을 때 안 하겠다고 몇 번 거절했어요. 근데 CEO가 또 부르기에 이번에도 거절하면 당신과 일하기 싫다는 말로 해석하겠구나 싶어서 수락했죠.

저는 오랫동안 저 자신이 수직적 야망보다는, 오히려 그에 대비되는 수평적 야망이 강한 사람이라고 생각해 왔습니다. 새로운 지식을 넓게 쌓고 이 세상을 두루두루 경험하고 싶어 하는 기질과 야망만큼은 매우 강한 사람이라고 생각했던 거죠. 그런데 문제가 됐던 CEO의 발언을 읽은 다음 저 자신도 떠올려 보고 혼란스러워하면서 곰곰이 생각하다 보니, 수직적 야망을 가진 여성 개개인을 발견하기 어려운 이유가 "원래 그렇다"고 규정할 만한 종류의 문제는 아니라는 판단이 들었습니다. 그보다는 구조 자체가, 여성이 책임을 가질 기회가 없고 문화적으로 '리더는 남성'이라는 고정 관념에 학습되었기 때문이 아닌가 하는 생각이 들더라고요. 어릴 때부터 여자가 대장을 한다고 하면 하지 말라는 소리만 들으니까요. 지금은 다를까요? 남자들이 야심만만하면 칭찬하고 격려하는데 여자가 야심만만하면 칭찬은커녕 비난하잖아요. 리더라는 것도 생물학적인 본능이 아니라 문화적으로 주입된 각본 같은 거예요. 그렇게 커오질 않았는데 '내가 리더를 하겠어'라는 야망을 가진 여성이 얼마나 있겠어요. 그렇게 성장하면서 문화적으로 학습된 각본을 성향이고 기질이라고 착각하고 있는 것은 아닌가, 이런 생각이 들었어요.

이와 관련해서 별로 건전하지 않은 관념 가운데 하나가 '여성적 리더십'이라는 말이라고 생각해요. 저는 여성적 리더십이라는 표현을 들으면 불편해요. 여성적 리더십이 뭐죠? 보통 남성적 리더십이 매우 권위적이고 가부장적인 거라면, 남을 배려하고 사람 관계를 잘 챙기고 결과보다는 과정을 중시하고, 그런 걸 가리켜 여성적 리더십이라고들 하잖아요. 부드럽고 배려를 많이 하는 게 여성적 속성이라는 전제가 깔린 말이죠. 근데 과연 그럴까요? 부드럽고 배려를 많이 하는 것이 여성의 생물학적 특성일까요? 혹은 아이를 양육한다고 해서 '돌보는 사람'으로서의 특성이 모든 여성의 보편적인 기질로 드러난다고 할 수 있을까요? 여태까지는 리더가 되는 여성이 많지 않아서 그렇지, 점점 숫자가 늘어나면서 남성 못지않게 이기적이고 거친 여성 리더도 많이 드러날 거라고 봐요. 지금은 리더 가운데 여성이 별로 없으니 이 사회가 원하는 여성적 속성을 끄집어내서 여성적 리더십이라고 부르는 거죠. 그리고 거기에 맞지 않는 사람은 '독한 여자'라고 규정하고요. 남성이 지배하는 사회에서 남성적 룰을 같이 밟아 가며 성공하려는 여자, 야망을 드러내는 여자, 그리 부드럽지 않고 저돌적인 여자를 독한 여자라고 부르는 게 아닌가 싶어요.

독한 여자라는 고정 관념과 관련한 미국의 실험 이야기를 해볼게요. 스타트업을 운영하는 매우 성공한 여성이 있었는데, 이 여성의 사례를 놓고 실험을 했대요. 여성의 이름은 하이디인데, 한 그룹에서는 이름을 그대로 두고, 다른 그룹에서는 남자 이름인 하워드로 바꿨어요. 그렇게 하고 이 사람의 이력에 대해 설명한 다음 어떤 사람일 것 같은지 각 그룹에 물어본 거죠. 그랬더니 하워드라는 이름을 본 그룹에서는 답이 다 이렇게 나왔대요. "이 사람은 매우 유능하고 문제 해결 능력이 뛰어나다. 이 사람과 같이 일하고 싶다." 그런데 하이디라고 알려 준 그룹에서는 어떻게 평가했을까요? "이 여자 뭔가 이기적인 것 같고, 상사로 모시기 싫다. 자기 잇속만 챙기고 빠질 사람 같다." 똑같은 퍼포먼스인데 남자인지 여자인지에 따라서 남성은 매우 유능하다고 바라보는 반면 여성은 독하고 이기적이고 함께하기 싫은 사람으로 평가한다는 거죠. 이런 고정 관념이 성공한 여자들을 독한 여자들로 바라보는 태도를 조장하는 게 아닐까 싶어요.

오늘 두서없는 이야기를 마무리해 보죠. 25년 전 저는 여성임을 자각하는 동시에 여성임을 부인할 것을 요구받는 방식으로 사회생활을 시작했지만, 결국 그런 방식으로는 나 자신에 대해 편안함을 느끼며 살아가기 어렵다는 걸 깨달았습니다. 그리고 지금은 직장의 특수한 조건 덕분에 차별을 거의 못 느끼며 지내면서도, 외적 차별이 없는 상황에서조차 젠더 고정 관념으로 인한 내적인 장애물을 가진 여성들이 많아 그걸 넘어서기 위해 해야 할 일이 정말 많겠다는 생각을 하고 있어요. 여러분 모두 아시다시피, 요즘처럼 공론의 장에서 페미니즘에 대한 논의가 활발한 적이 없었잖아요. 매우 전투적인 양상으로 나아가기도 하고, 갈래가 하나라고 말할 수 없을 정도로 복잡하게 분화되어 가는데요, 이렇게 공론의 장에서 페미니즘에 대한 논의가 뜨겁게 일어나고 그것에 관심 갖는 사람이 늘어난다는 게 저는 매우 반가운 일이라고 생각합니다. 그래서 우리는 더 많이 이야기하고, 더 많이 떠들고, 더 많이 요구해야 한다고 말씀드리면서 제 이야기를 마치겠습니다. 고맙습니다.(박수)

박 긴 시간 동안 즐거운 이야기 들려주셨는데요, 강의 마치고 제가 바로 나와서 숨 돌릴 틈도 없이 질문을 드리자니 가혹한 것 같기도 하네요. 그래서 첫 질문은 쉬운 것부터 하겠습니다. 아마 이런 질문을 굉장히 많이 받으셨을 것 같아요. 18년 동안 기자 생활을 하다가 지금은 NGO에서 일하고 계시잖아요. 어쨌든 커리어의 전환을 겪으신 건데, 어떻게 이런 전환을 이루셨는지요.

김 신문사 다니다가 NGO에 왔다고 하면 사람들이 왜 그런 선택을 했느냐고 물어보는 경우가 많아요. 아까도 잠깐 말씀드렸듯이, 전 진이 빠져서 그만뒀어요. NGO 가려고 그만둔 게 아니고요. 그때는 '그만두고 논픽션을 쓰는 작가로 살아 보겠다' 오만하게도 이런 생각을 했어요.

회사 다닐 때 그만두고 싶다는 마음과 그래도 될까 하는 갈등이 너무 커서, 인생 중반에 커리어 전환을 한 사람들을 쭉 찾아다니며 〈내 인생의 터닝 포인트〉라는 인터뷰 시리즈를 진행해 봤어요. 그때 인터뷰한 분 가운데 광고 회사에서 20년 넘게 일하다가 세이브더칠드런으로 옮긴 분이 계셨어요. 그때는 그냥 '이분 참 재미있게 사시는구나' 하고 왔거든요. 나중에 회사를 그만두고 인터뷰들을 묶어 책으로 냈을 때 책을 드리려고 그분을 다시 만났어요. 제가 책 한 권을 쓰고 번역을 두 권째 마치던 무렵이었는데,

한참 '글과 말 따위가 무슨 쓸모가 있나' 하는 회의에 빠져 있었죠. 여기 글과 말을 다루는 일에 종사하는 분들이 계시면 아마 이해하실지도 모르겠네요. 당시 미국의 하워드 진이라는 철학자가 지식인으로서의 자기 삶보다 남미에 봉사하러 가는 간호사의 삶이 부럽다고 쓴 글을 읽었어요. 그걸 보면서 막 공감하고 '중요한 것은 정말 실질적인 생활인데 내가 하는 일은 겨우 글이나 조몰락거리는 것에 불과하구나, 글 따위가 대체 무슨 소용일까' 그런 생각을 막 하고 있던 참이었어요. 그럴 때 그분을 만나서 책을 드렸는데 그분이 말씀하시길, 자기가 하는 일이 왜 좋은지 아느냐면서 "내 노동이 만들어 내는 구체적인 가치가 눈에 보인다"는 거예요. 글과 말에 대한 회의가 가득한 사람한테 이 말이 얼마나 매력적으로 들렸겠어요. 그분이 출중한 카피라이터 출신이라(웃음) 귀에 쏙쏙 들어오는 말씀을 너무 잘하세요. 나중에 들어와서 속았구나 했죠.(웃음)

그런데 그분이 갑자기 사람이 필요한데 소개해 줄 수 있느냐고 하시더라고요. 어떤 사람이 필요하시냐 물었더니 이렇게 말씀하시는 거예요. "리틀 김희경이면 좋겠어요." 그래서 제가 정말 1초도 망설이지 않고 "뭐하러 리틀까지 가요, 그냥 제가 할게요" 하고 손을 번쩍 들었죠. "구체적인 가치가 눈에 보인다"는 말에 홀려 가지고.(웃음)

그래서 무슨 대단한 목적도 없이, 계획이나 준비 과정도 없이, 어느 날 정신을 차려 보니까 제가 NGO에서 일을 하고 있더라고요. 김수영의 시에 "바람은 딴 데서 불어오고 구원은 우연히 찾아온다"라는 구절이 있어요. 인생에서 매우 큰 결정인 것처럼 보이는 것도 사실은 정말 딴 데서 불어오는 바람 때문에 벌어지죠. 스티브 잡스가 "점을 잇는다(connecting the dots)"는 말을 했잖아요. 자기 삶의 점들을 연결시키며 살아가는 방식에 대한 얘기죠. 뒤를 돌아볼 때는 물론 저도 그렇게 일관성을 발견할 수 있다고 생각해요. 하지만 앞을 내다보면서 그 일관성을 미리 만들기란 어려운 것 같아요.

> 박 늘 이런 질문을 드리면 "친구랑 같이 오디션을 보러 갔다가……"(웃음) 이런 대답이 돌아오는데, 그럴 때 연이어서 이런 질문을 하죠. 그런 우연한 계기가 왔다고 해도 거기에 적합한 능력이라든지, 내가 해왔던 생각이라든지, 그런 게 있어야 기회를 잡을 수 있는 법이잖아요. 그런 맥락에서 다른 분이 이런 질문을 주셨습니다. 본인의 어떤 능력들이 지금의 일을 하는 데 동력이 되었다고 생각하시나요?

김 조금 전에 되돌아보면 흩어진 점들이 연결되는 일관성이 보인다고 말씀드렸죠. 저도 되돌아보니까, 진이 빠져서 신문사를 그만뒀지만 만일 다시 일을 한다면 비영리 단체 쪽에서 하고 싶다는 생각을 막연하게나마 하고 있었더라고요. 신문사 그만두기 직전에 어른을 만나서 상의를 해야겠다 싶어 찾아간 분도 당시 희망제작소 소장으로 계시던 박원순 시장님이었어요. 전에도 몇 번 뵌 적이 있어서, 찾아가 비영리 단체에서 일하면 어떨지 여쭤봤죠. 박 시장님도 "신문사에 그렇게 오래 다녔으면서 그런 생각을 하기가 쉽지 않은데" 하고 놀라시긴 했어요.(웃음) 아무튼 마음속에 그런 생각을 품고 있었기 때문에 비영리 단체로 가는 것에 대해 쉽게 결정할 수 있었던 것 같아요.

그리고 또 하나는, "구체적 가치"라는 말로 저를 홀린(웃음) 그분이 처음에 사람이 필요하다고 하셨을 때는 홍보 팀장을 찾고 있었거든요. 기자 일을 18년 했으니 홍보 팀장이라는 일이 어렵지 않게 느껴졌죠. 그래서 회장 면접을 보러 갔는데, 회장님이 저한테 이것저것 한참을 물어보시더니만 "홍보 팀장은 우리가 다시 찾을 테니 당신은 와서 애드보커시(권리 옹호) 부서를 만들어 봐라" 하시는 거예요. 그게 뭐 하는 부서인지 물어보니까 CD 한 장을 주시더라고요. 내용을 출력하니 요만한 제본으로 책 두 권 분량이었어요. 저희 단체 영국 본부에서 만든 애드보커시 매뉴얼이었는데, 읽고 나자 제가 그 전까지 기자로서 하던 일과 크게 다르지 않다는 생각이 들었어요. 이슈를 찾아내서 제기하는 게 우선인데 여기까지는 기자 일과 비슷하고, 그다음으로 문제를 해결하기 위해서 대책을 만들고 해결될때까지 집요하게 나아가야 해요. 뒷부분은 기자 일과 다르지만 그건 사람들과 함께 하면 된다고 생각했어요. 대학 때 학생 운동을 하면서 유사한 경험을 해본 적도 있고. 그렇게 다른 방식으로 일했던 과거의 경험들이 현재에도 쓰일 수 있었던 것 아닌가 생각합니다.

박 아까도 말씀하셨지만, '여성적 리더십'이라는 건 불분명한 관념인 것 같다는 질문을 주신 분이 계셨어요. 또 경력을 쌓다 보면 한 단계 올라가서 리더가 되어야 되는 상황이 생기는데요, 제가 지금 30대 중반인데, 제 느낌에 주변 친구들도 대부분 그런 자리에 가고 싶어 하지 않는 것 같습니다.

김 남자도요?

박 주변에 남자가 거의 없어서요.(웃음) 오늘 자리랑 비슷합니다. 여쭙고 싶은 건, 여성적이냐 남성적이냐를 떠나서 리더로서 갖춰야 할 조건이라고 해야 할까요, 혹은 예전과 달리 다가올 세대의 리더들이 갖춰야 할 덕목이 있다면 무엇일까요? 성의 구분에 상관없이 그냥 어떤 덕목이나 가치로서 표현될 수 있을 것 같거든요.

김 여성과 남성의 성별 특성을 분리하지 않고, 제가 바람직하다고 갖춰야 한다고 생각하는 리더십은 '명료한 리더십'이 아닌가 싶어요. 조직이 가려는 방향과 사명을 명확하게 제시하고, 알아들을 수 있게 말하고, 말이 자꾸 바뀌지 않는 리더십. 그게 의외로 드물더라고요. 그런데 제가 높은 지위에 올라가 보니까 알겠어요. "거, 꼭 말을 해야 아나? 말로 안 해도 알아들어야지." 이런 말 하는 사람들 있잖아요. 그런 사람들은 대체로 자기도 잘 몰라요. 어떻게 지시를 내려야 할지 몰라서 그러는 경우가 상당히 많다는 것을 저도 여러 사람들을 관리하는 입장이 되면서 깨달았어요. 그래서 저도 "말 안 해도 알아서 좀 하지" 이런 말은 안 합니다.

제대로 지시를 주려면 리더가 그 일을 진짜 잘 알아야 돼요. 세부적인 사항을 어디까지 알아야 하는지는 직종과 직급에 따라 차이가 있겠지만요. 얼마 전에 페이스북에 공유된 게시물을 하나 봤는데요, 금융권에서 높은 지위까지 올라갔던 분이 쓴 글이었어요. "왜 한국에서는 조금만 직위가 올라가면 보고서도 제 손으로 안 쓰냐"고 문제 제기를 하셨더라고요. 사장에게 보고를 해야 되는데 보고의 중요도와 상관없이 거의 늘 대리가 쓴 걸 가져가고, 부장은 직접 안 쓴다는 거죠. 자기는 본인이 직접 썼는데 주변에서 다들 놀라더라고, 뭘 그걸 사장이 쓰고 앉았냐는 말을 들었다는 거예요. 근데 정말로 일에 대해서 대리가 할 수 있는 고민이 어디까지겠어요? 그것보다 훨씬 넓고 깊은 시각으로 일을 살필 수 있는 리더가 직접 고민하고 직접 방향을 결정하고 직접 알아보려고 해야 되는 것 아닌가요? 그런 고민 없이 "그냥 좀 알아서 해라" 하니까, 자기가 잘 모르니까 지시가 수시로 바뀌는 거라고 저는 생각해요. 리더가 매우 명료한 커뮤니케이션을 해야만 조직이 건강해집니다. 저는 유능한 조직 문화보다는 건강한 조직 문화가 훨씬 더 중요하다고 생각해요.

박 주제를 살짝 바꿔서요, 여성의 일이나 여성과 조직의 문화 같은 젠더 이슈에 대한 이야기를 나눠 보고 싶습니다. 강의 중에도 일부 말씀을 해주셨지만요. 오픈 테이블에서 받은 이 질문을 같이 한번 읽어 볼게요. 이분의 고민을 많은 분들이 공감하실 것 같습니다. "저도 아이 핑계로 일을 미루는 사람과 같이 일하는 것이 힘들었던 적이 있습니다. 이래서 사람들이 아줌마는 안 돼, 여자는 안 돼, 기혼자도 안 돼, 하는 걸까 슬프다고 생각하면서도 그런 이야기를 하는 남성들을 마냥 비난할 수 없다는 마음이 들기도 합니다." 이런 모순적이고 이중적인 감정에 대해서 본부장님도 고민을 하시는 거잖아요. 같은 고민을 하는 분들에게 들려 드리고 싶은 조언이 있을까요?

김 첫 직장에선 그런 게 많았습니다. 아까도 잠깐 말씀드렸듯이 육아 휴직은 거의 어려웠어요. 지금은 조금 나아졌다고 듣긴 했지만 제가 다닐 때는 육아 휴직 쓰는 여성을 본 적이 없고, 출산 휴가도 처음엔 두 달이었다가 석 달로 늘어났는데 한 달만에 복귀하는 사람도 있었고, 여성이 임신 사실을 끝까지 숨기다가 거의 만삭이 돼서야 임신했다고 말하는 것을 매우 칭찬하는 그런 분위기였어요. 그때는 여자가 임신했다거나 애 낳는다고 하면 그런 것 때문에 여자랑 같이 일하기가 불편하다는 식의 반응을 보이니까 일종의 대책으로 그런 선택을 한 거죠. 근데 아직도 그런 회사가 꽤나 많다고 들었어요.

지금 저희 회사에 대해 말씀드리자면, 그런 경우는 없습니다. 하지만 솔직히 누군가 육아 휴직을 가면 좋고 싫고를 떠나 주변에서 영향을 받는 건 사실이에요. 왜냐면 누군가는 빈자리의 일을 감당해야 하니까요. 그래서 저는 여성이 다수인 직장의 경우 항상 어느 정도의 육아 휴직이 있다는 전제하에 그만큼의 버퍼를, 즉 언제나 필요 인원보다 한두 명이 더 추가된 인력을 정원으로 염두에 둔다거나 하는 대책이 필요하지 않나 생각해요. 개인이, 또는 해당 부서가 알아서 해결하게 하는 대신 조직 차원에서 해결하는 거죠. 제도적으로 해결해 달라고 요구해야 합니다. 그렇게 해서 육아 휴직 가는 건 너무나 당연한 일이고, 남성도 갈 수 있는 분위기가 되어야죠.

그래도 요즘은 제도가 많이 보완돼서, 제 매제도 지금

육아 휴직 중이예요. 그렇게 남녀 상관없이 양육을 위해 필요한 지원을 받는 것을 너무나 당연한 조건으로 만듦으로써 문제를 해결해야 합니다. 각자가 알아서 대응책을 세우라고 하면 개인적으로 해결하기에 너무나 힘든 일에 부딪치고, 서로가 서로를 비난하게 되는 거죠. 육아 휴직도 그렇고 임신한 여성 대상으로 노동 시간 단축 제도도 운영하고 있긴 해도, 일과 가정의 양립이라는 게 말이 쉽지 매우 구체적인 개별 상황으로 들어가면 모두가 공동으로 나눠서 감당해야 하는 요소들이 자잘하게 많잖아요. 그래서 육아 휴직이나 단축 근무를 하는 사람도 떳떳하고 주변 사람도 그것 때문에 불편해하지 않을 정도로 제도가 끌어올려져야지만 여성들도 각자가 가진 역량을 모두 발휘하면서 일할 수 있을 거라고 생각합니다.

박 이제 청중분들과 편하게 말씀 나눌 시간을 가질 텐데요, 손들어 주시면 마이크를 전달하겠습니다.

청중 1 저도 직장 생활을 10년 넘게 하고 있는데, 여성과 남성의 대립과 갈등보다는 세대 간의 갈등, 젊은 여성과 나이 든 리더와의 갈등, 그리고 거기서 비롯되는 여성에 대한 차별적인 태도를 굉장히 많이 겪었거든요. 저희 회사도 여성이 많고 남자가 귀하다 보니까, "남자들만 감싸 준다, 여자들은 '알파걸'이어도 뽑히기 힘든데 남자들은 바지만 입고 오면 뽑는다"면서 (웃음) 저희들끼리 우스갯소리로 하소연을 하기도 했어요. 저도 매니저급에서 리더로 올라가는 시점에 있는 사람으로서 그런 선배들의 모습을 경계하지만, 한편으론 어쩔 수 없이 올라가면 그렇게 되겠구나 하는 생각이 들기도 합니다.

본부장님은 어쨌든 리더의 위치에 계시니 구체적으로 여쭤 보고 싶어요. 남자들은 군대에 갔다 와서 그런 건지 일을 지시하면 무조건 "예, 예" 하곤 해요. 아니다 싶더라도 일단 "예" 하는데 그걸 윗사람들이 굉장히 좋아하신다더라고요. 여자들은 일을 시키면 "이건 이렇고, 저건 저렇고, 이건 이래서"라고 말대답을 한다고, 그래서 피곤하다고 합니다.

김 저도 직원들이 그렇게 나올 때면, "아…… 내가 옛날에 저랬는데, 내 윗사람은 얼마나 싫었을까" 생각하기도 해요.(웃음) 제가 이 직장에 와서 처음 겪은 문화적인 충격이 뭐냐면요, 어찌나 그렇게 말들이 많은지! 진짜 말이 많아요. 전 직장이 매우 권위적이어서 그 대비가 더 강할 수도 있지만요. 예전 직장에서는 회의를 하면 한 시간 넘어가는 걸 본 적이 거의 없어요. 회의하면 보고, 지시, 끝. 토론 같은 거? 없어요. 기자들 토론 많이 할 것 같죠? 안 해요. 위에서 "이거 이거 해" 시키면 "예, 알겠습니다" 하고, 죽이 되든 밥이 되든 어떻게든 해오는 게 그냥 너무나 자연스러웠어요. 그런데 지금 직장은 무슨 일을 왜 해야 하는지 이야기를 다 해야 되는 거예요. '왜'에 납득이 안 되면 "그걸 왜 해야 하나, 지금 꼭 해야 하나" 하고 진짜 말이 많거든요.

처음에는 너무 놀랐어요. 그런데 지내다 보니까 그게 건강하다는 생각이 드는 거예요. 모두가 자기 생각을 이야기할 수 있느냐가 조직의 건강성을 보여 주는 척도라고 생각이 바뀌게 됐어요. 단, 문제가 하나 있다면 두 시간이고 세 시간이고 회의가 안 끝난다는 거예요. 결론이 안 나요. 직원들한테도 여자가 많아서 나쁜 게 뭐냐고 물었더니, 회의를 길게 하고 결론이 안 날 때가 있는 거라고 그러더라고요.(웃음) "그게 여성들 의사소통 방식의 문제일까?" 하고 다시 물어봤더니, 그게 아니라 20대나 30대 초반 직원 같은 경우 논의를 조직화하는 방법에 서툴러서 그런 것 같다고 하더라고요. 회의는 언제까지 하자, 이 회의는 결론을 내야 하는 자리다, 함께 내린 결론을 명확하게 정리해서 공유하고 충분히 토론해서 결론이 났으면 동의하지 않더라도 일단 같이 실행하고, 실행 이후 다시 비판적 검토를 해보자, 이렇게 조직화하는 방법만 잘 잡으면 의사소통의 난삽함이 해소될 수 있다고 생각해요.

청중 2 안녕하세요, 저는 스물네 살의 백수입니다. 선생님은 본부장이시잖아요. 저는 작년에 졸업했기 때문에 아직 사회 경험이 전무하다시피 하고, 지금은 아르바이트를 하고 있어요. 마트에서 일하고 있기 때문에, 어떻게 보면 본부장님이 제 인생에서 만난 나이 많은 여성 중에서 제일 높은 자리에 계신 분이에요.(웃음) 왜냐하면 일터에서 만나는 분들은 거의 경력이 단절되고 할 게 없어 마트 일을 하는 분들이거든요. 경력이 필요 없는, 제일 하기 쉬운 일이니까요. 다 결혼하셨고, 다 자녀가 있어요. 거의 저만 한 애가 있는 분들이세요. 제 어머니 친구분들도 다 결혼을 하셨고요. 주변에 다양한 여성상이 부족한 환경에서 오늘 본부장님을 뵈었는데, 저는 이런 게 궁금해요. 본부장이라는 위치에 계신데도 보편적인 여성상을 강요받으시는지. 저 같은 경우에는, "취업해, 결혼해, 애 낳아" 이런 소리를 엄청 듣거든요. 그리고 만약 이런 종류의 이야길 들으신다면, 어떻게 대처하시는지도 궁금합니다.

김 저 같은 경우, 지금 직장에서는 사회에서 요구하는 여성상 때문에 괴로운 일이 없지만 예전 직장을 계속 다녔더라면 있었을 것 같아요. 우리 사회는 젠더 고정 관념을 따라가라는 압력이 강하니까요. 조금 전에도 이야기했지만 여성이 말대답하는 것도 싫어하죠. 한마디 하면 남자 상사들이 "쟤 또 토 단다" 그러고요. 제가 방금 질문하신 분 나이일 때도 그런 소리 무수하게 들었어요. 사사건건 말대꾸한다고, 성격 참 급하다고. 심지어 성공한 여자도 그런 얘기를 많이 듣는다고 해요. 혹시 셰릴 샌드버그가 쓴 《린 인(Lean In)》이라는 책 읽어 보셨어요? 일하는 여성이면 한 번 읽어 보시길 권하고 싶은데, 그 책에 이런 사례가 나와요. 셰릴 샌드버그가 페이스북 최고 운영 책임자니까 소위 '높은 사람'이잖아요. 어느 날 정부 관료인 어떤 남성과 같이 밥을 먹는데 그 사람이 말을 엄청나게 길게 하더래요. 근데 다른 남자들이 말 자르고 질문을 할 때마다 친절하게 다 대답을 해주더라는 거예요. 셰릴도 궁금한 게 있어서 말 자르고 물어보니까 그 남자가 버럭 화를 내면서 "내가 지금 말하고 있는데 왜 말 자르냐, 당신 참 성급한 여자다" 그러더라는 거죠. 그 정도로 성공한 사람인데도, 그리고 미국은 우리나라보다 훨씬 더 젠더 규범에서 자유로운 사회인데도, "여자는 말 자르면 안 돼, 여자는 말대답하면 안 돼, 여자는 이럴 때 좀 수긋하게 있어야 돼" 이런 여성성과 관련한 문화적 압력을 받는다는 거죠.

지금 직장에서는 저도 그런 일을 겪은 적이 없어요. 그렇지만 윤리적으로 옳고 그르고를 떠나서, 남녀를 떠나서, 그냥 사회생활의 전술로서 고무공이 튀어오르듯 남의 말에 곧바로 반박을 하는 태도가 좋을 건 없다고 봐요. 남자건 여자건 이런 태도를 좋아하는 사람은 없거든요. 저는 잘 못하는 일이긴 하지만요. 아까 말씀드린 《린 인》이라는 책에선 '치열한 상냥함'을 발휘하라고 조언합니다. 자기가 원하는 바에 대해서는 놓치지 말고 끝까지 가되, 말할 때 상대방이 너무 위협적이거나 공격적으로 느끼지 않도록 자기 태도를 조정할 수는 있다는 거죠. 이런 여러 가지 대응이 필요할 때도 있다고 생각합니다.

청중 3 안녕하세요. 저는 커리어 중에 창업을 했던 경험이 있어요. 저한테는 좋은 기회였는데, 일을 하면서 저 이외에 다른 여성은 단 한 명도 만날 수가 없는 환경이었어요. 모두 남성들로 이루어진 그런 시장에 던져진 거죠, 어느 정도 성취를 이루고 나니까 틈이 안 보인다고 해야 할까요, 제가 여기서 우뚝 설 수 있는 여지가 없다는 게 느껴지더라고요. 그래서 결국 스스로 일을 접었어요. 꼭 사업 실패라고 할 수는 없지만, 제 입장에서는 단념한 거죠.

이런 생각이 들었어요. 학창 시절 체육 시간에 보통 남학생들은 축구를 하고 여학생들은 발야구를 했거든요. 그런데 어느 날 남학생들이 잘못을 했는데, 발야구를 하는 벌을 받는 거예요. 축구를 못 하게 한 거죠. 그리고 갑자기 여자애들이 운동장을 다 써서 축구를 하게 됐죠. 항상 남자애들이 운동장을 다 쓰고 여자애들이 구석에서 발야구를 했었는데, 남자들이 벌을 받느라 처음으로 거꾸로가 된 거예요. 그렇게 운동장을 다 쓰게 됐는데도 여학생들은 결국 축구를 못 했어요. 하는 방법을 몰라서.

사업을 단념하면서 든 생각이 그거였어요. 운동장을 다 쓸 수 있는 기회가 나한테 왔는데 내가 축구 하는 방법을 모르는구나. 겉보기에는 그 사업을 성공적으로 마무리 지었지만, 저한테는 아직까지도 그 경험이 실패의 기억으로 남아 있어요. 다시 운동장에서 뛸 수 있는 기회가 왔을 때 내가 축구를 할 수 있을까? 못 할 것 같더라고요.

처음에는 좌절감으로 계속해서 고민을 반복하다가 지금은 '내가 잘하는 건 발야구인데 운동장에서 발야구를 하는 것 자체가 잘못인가, 나는 내가 잘할 수 있는 것을 해야 하지 않나' 하고 생각하게 됐어요. 그래서 지금 하는 일을 선택했는데요. 저는 제가 여성으로서, 아이들의 엄마로서 잘할 수 있는 일을 하고 있다고 생각하지만, 아직도 가슴 한 켠에는 '이게 혹시 루저로서의 삶인가' 하는 생각이 남아 있어요. 내 여성성을 지키고, 내 가정과 일을 적절하게 양립하고, 남들이 보기에는 훌륭한 길을 걷고 있는 것처럼 보일지도 모르지만, 저는 운동장에서 뛰는 것을 일부 포기한 거잖아요. 제가 봤을 때 본부장님은 사회생활 처음부터 운동장에서 뛰신 분이에요. 남성 위주의 사회에서 홍일점으로서 버텨 보셨잖아요. 그런 삶을 저는 아직도 동경하고 있어요. 혹시 그런 관점에서 도움 주실 만한 말씀이 있을까요?

김 "운동장에서 발야구를 하는 것 자체가 잘못인가" 이 말씀 들으며 저는 굉장히 현명하시다는 생각이 들었어요. 진짜, 운동장에서 축구만 해야 되는 건 아니잖아요. 하버드 비즈니스 스쿨 교수였던 크리스텐슨 교수가 쓴 《당신의 인생을 어떻게 평가할 것인가》라는 책이 있는데요. 이 책을 보면, 사람이 어떤 꿈을 추구해 가는 과정에서 최우선순위가 아니었더라도 실현 가능한 전략을 선택해 그걸 자신의 것으로 정착시키는 것에 대한 이야기가 나와요. 그러니까, 축구를 하러 갔는데 발야구를 하게 될 수도 있는 거잖아요. 그렇다면 이게 루저인가? 축구가 최우선순위라고 생각하던 과거의 자신의 입장에선 루저라고 생각할 수도 있겠지만 현재의 입장에선 저 운동장에서 꼭 축구만 할 필요는 없기 때문에 자기 꿈과 현실의 타협점을 자신의 것으로 정착시킬 수 있다는 거죠. 그분도 그 책에 자기는 〈월스트리트저널〉의 편집인이 되고 싶었고 너무너무 그걸 열망했는데, 어떻게 하다 보니까 공부를 하게 됐고, 어떻게 하다 보니까 교수가 됐다는 얘기가 나와요. 뭐, 보기에 따라서는 기자보다 교수가 나을 수도 있는데(웃음) 이분도 '〈월스트리트저널〉 편집인'이라는 축구를 하지 못하고, '대학교수'라는 발야구를 하고 있는 스스로를 한탄하던 시절이 있었다고 썼더라고요. 하지만 "그것이 무언가의 실패는 아니다, 중요한 건 자신의 재능과 관심이 빛을 발하는 영역을 찾아내는 것"이라고 이야기하죠.

그럼에도 질문자가 말씀하신 그 좌절감, 그건 저도 이해를 해요. 저 역시 해결되지 않는 좌절감이 있어요. 저는 글 쓰는 사람이 되고 싶다는 열망이 있었어요. 기자를 하다가 우연히 책을 쓰게 되었는데 그 경험이 너무너무 좋아서 글 쓰는 사람, 논픽션 작가로 살겠다는 야무진 꿈을 품고 살던 때가 있었죠. 지금 저는 NGO에서 일하고 있잖아요. NGO에 올 때도 글 쓰는 사람으로서의 정체성을 포기하진 않았어요. 다양한 경험을 쌓으면 언젠가는 다시 콘텐츠를 가공하는 사람으로서 살아갈 수 있을 거라고, 직진이 아니고 돌아가는 길이지만 그럴 수 있을 거라고 생각하고 왔어요. 그런데 지금까지만 보면, 여기 와서 책 두 권을 번역하긴 했지만 결국은 애초에 하려던 축구 대신 발야구를 하고 있는 거예요. 전 축구 선수가 되고 싶었는데 말예요. 그래서 여전히 그 꿈에 대해서는 루저라는 생각이 있고, 그 마음은 지금도 해결이 안 됐어요. 그렇지만 발야구를 하다가 족구, 피구(웃음) 뭐 그렇게 조금씩 움직여 가면서 결국 축구 비슷한 걸 하게 될 수도 있지 않을까 하는 기대는 해요. 내가 원래 하고 싶었던 일을 못 했다는 좌절감은, 그러니까 제 나이가 되어도 여전히 있어요. 이런 얘길 들으시면 더 좌절하실지 모르겠지만, 그건 그냥 자기 삶에서 안고 가야 할 것 같아요.

곧바로 원래 하고자 했던 축구 선수가 될 수 있다면 행운이고 좋겠지만, 우리가 발야구로 돌아가면서 배우게 되는 것도 있잖아요. 그런 것들이 쌓여서 나를 만드는 거니까. 그 좌절감과 나의 현실을 끊임없이 비교해 보고 타협하면서 일상이 구성되는 것이겠죠. 처음 품었던 꿈으로 직진할 수 있는 사람은 그리 많지 않다고 생각합니다.

청중 4 안녕하세요. 저도 기업에서 6년차로 일하고 있는데요, 저희 회사는 여자가 많은 편인데도 관리자 직급에 있는 사람들은 전부 남자예요. 사실 어떤 큰 사건이 일어나거나 하면 여자들끼리 뭉쳐서 잘못됐다, 부당하다, 이야기할 수 있을 텐데 오히려 굉장히 일상적인 일, 예를 들면 대화하다가 "옷 예쁘게 입고 왔네, 어디 가? 소개팅 해?" 한다거나, 아니면 거래처 미팅이 있을 때 여자 직원이 상냥하게 분위기를 띄워 주기를 바라는 경우에는 어떻게 대처해야 할지 모르겠어요. 어떻게 보면 사소한 일이라 일일이 항의하기도 뭣해서 그냥 날이 선 채로 다니는 거예요. 이런 게 계속 쌓여 가니까 이제는 웃기도 싫어요. 맞장구치기도 싫고, 웃으면서 대하는 것도 짜증이 나고.(웃음) 오히려 예전에 남자가 많은 직장에 다녔을 땐 그냥 하고 싶은 말 다 하고 "쟤는 원래 그래" 소리를 들었는데, 다시 그렇게 행동해야 하나 싶기도 해요. 못 그러는 스스로에 대해 자괴감이 들기도 하고요.

김 제가 그런 면에서 실패를 반복한 사람입니다.(웃음) 앞서 자백했듯이, 부끄럽게도 명예남성과 같은 태도를 많이 보였죠. 그렇게 자백하는 거 쉽지 않았어요. 정말 창피한 이야기잖아요. 초반에는 나 자신을 남성과 동일시해서 매우 젠더 의식 없는 척, "오늘 예쁘네?" 하면 "내가 원래 예뻤어" 이런 식으로 웃어넘기고 대범하게 구는 게 잘하는 거라고 생각했죠. 그러다가 2006년 성희롱 사건 공동 대응 때부터는 매사 건건이 다 시비를 걸고, "너 지금 뭐라고 했어?" 하면서 싸우고 그랬거든요. 현명하지 못했던 전형적인 실패자인데, 저 같은 사람 때문에 아까 소개해 드린 '치열한 상냥함'이라는 조언도 나온 게 아닐까 합니다.(웃음) 그 책에서 소개한 또 다른 방법은, 이야기할 때 "나한테 왜 이래?"가 아니라 늘 '우리'라고 하라는 거예요. 우리 여성들은 이런 걸 싫어한다고. "네가 지금 나한테 이러는 건 내가 아니라 젠더에 대한 공격이다"라는 이야기를 부드럽게 전달하는 게 좋다고 합니다. "우리는 이렇게 할 수 있다, 우리는 이 상황이 불편하다, 우리는 이렇게 개선되었으면 좋겠다." 이렇게 말하는 전략이 필요하다고요. 그런 조언을 참고해 보시면 어떨까요.

청중 4 그런 에너지, 긴장감을 유지하는 것 자체가 힘들다는 생각이 많이 들더라고요. 세 번에 한 번 정도 해야 하나…….(웃음)

김 근데 관리자는 남자지만 여자들이 많다고 하셨잖아요, 여성들이랑 그런 이야기 같이 안 해보셨어요?

청중 4 저희끼리는 뒷말 많이 해요.

김 회식이라든가 그럴 때, 아니면 서로 순서를 정해서 이번 주엔 네가, 다음 주에는 내가, 돌아가면서 이야기하면 어떨까요? 남들 보는 앞에서 말하면 모욕적으로 들릴 수 있으니 따로 "그런 것 좀 삼가 줬으면 좋겠다"고 돌아가며 얘기하는 식으로 협동 작전을 짜보는 건 어떨까 싶어요. 혼자 이야기하면 개인의 문제가 되어 버리지만, 여러 사람이 같이 "우리 모두가 그렇게 느낀다"고 말하면, 그분도 더 조심스러워하지 않을까요. 연대를 구해 보시면 좋겠습니다.

청중 5 안녕하세요. 저는 지금 공대에서 공부하고 있는 학생입니다. 지금까지 남자가 많은 환경에서 지내왔고 앞으로도 남자가 많은 곳에서 일하게 되겠죠. 앞서 들은 사례들에서는 남자가 여자를 무시하는 경우가 많았는데, 오히려 남자들은 자기들이 여자들을 배려하는 거라고 생각하기도 하는 것 같아요. 여자들한테 기대하는 게 거의 없어서 그런 건지 "여자들은 약하니까 내가 대신 해줄게, 너는 이 정도 했으니까 편히 쉬어도 괜찮아" 하는 식으로 여자의 능력을 낮게 보는, 다른 차원의 무시들을 당할 때도 있어요. 친절해 보이긴 하지만 저한텐 자존심 상하는 일인데, 그 사람들 입장에서는 배려하려는 의도라는 걸 아니까 많이 혼란스럽습니다.

김 그게 편안하지 않다면 더 큰 일을 달라고 요구하고 주장하셔야 돼요. 주장하면 할 수 있다고 생각할 거예요. 어쩌면 남자들이 '쟤는 시시한 일만 원해' 이렇게 오해하고 있을 수도 있거든요. 그걸 마치 대단한 배려인 것처럼 생각하면서. 제 경우를 예를 들면, 사회부 시청 출입 기자로 일할 때의 일이에요. 오후 4시에 마감인데 오후 2시에 갑자기 중대한 발표가 있다고 하면 보통 1면을 비워 둬요. 발표가 나오면 듣자마자 기사를 써서 보내는 거죠. 이런 일은 남녀를 떠나서 부담스러운 일이에요. 1면 톱을 써야 되는데 '실수하면 어떡하나, 못하면 어떡하나' 싶죠. 매우 짧은 시간 동안 스트레스를 심하게 받는 일인 데다 실수하면 큰일이라고 생각해서 계속 회피하다 보면 그 기회를 영영 못 가져요. 그래서 한번은, 혼잡 통행료 징수 정책 발표 건 때였는데, 제가 손을 들었어요. 당시 시청 출입 팀에서 제가 밑에서 두 번째였거든요. 그런데 "내가 하겠다, 스트레이트 기사 써본 적 있다"고 우겨서, 1면 톱 지면을 비워 놓고 선배들이 불안해하는 가운데도 제가 했어요. 기자를 4~5년쯤 하면, 수준 차이는 있을지 몰라도 누구나 할 수는 있어요. 그 뒤로 그런 '큰일'에 대한 저 자신과 주변의 불안감이 없어졌다고 생각합니다. 여자들이 자꾸 "저 일 내가 할 수 있어요, 나한테 맡겨 주세요" 이렇게 해야 상대방도 여자가 할 수 있다는 걸 알게 되고 '시시한 것만 맡기면 안 되겠구나' 생각도 하게 돼요.

그런데 아까 강연 중에도 말씀드렸지만, 여성들에게도 내면화된 젠더 고정 관념이 있어서 큰일을 맡을 상황이 되면 처음부터 "제가 그거 안 해봐서 할 수 있을지 잘 모르겠어요, 생각 좀 해볼게요" 이런 대답이나 태도를 많이 보여요. 남자들은 안 그래요. 무조건 "제가 하겠습니다" 하고 일을 따 가죠. 하다 보면 어떻게든 할 수 있거든요. 게다가 중요한 일일수록 주변에 활용할 수 있는 자원들이 늘 있기 때문에, 오롯이 혼자서만 감당해야 하는 상황은 별로 없어요. 덤벼들면 되는 거죠. 근데 이 덤벼드는 걸 못 해서 매번 덜 중요한 일, 시시한 일은 여자들 차지가 돼버리는 경우가 많아요. 그런 상황이 불만이라면 적극적으로 요구하세요. 나 더 큰 일 하겠다고. 그런 경험을 쌓아야 한다고 생각해요.

청중 5 그런데 그렇게 덤비는 게 다른 여자들한테도 부담스럽게 느껴진다고도 하더라고요.

김 여성이 다 동질적이지는 않으니까요. 그렇게 배려받는 걸 편안해하는 여성들도 있겠죠. 나는 좀 편안하게 있고 싶은데 쟤가 갑자기 큰일 한다고 나서면 '내가 뭐가 되지?' 이런 마음에 부담스러워할 수도 있을 거예요. 하지만 결국은 모두에게 여지가 넓어지는 거니까 궁극적으로는 그런 분들도 동의하게 되리라고 저는 확신합니다.

박 마무리할 때 늘 긴 시간이라고 이야기하지만 굉장히 짧았죠. 더 하고 싶은 말씀이 많은 것 같은데 함께 나누지 못해서 아쉽고요, 오늘 긴 시간 동안 함께 젠더의 고정 관념을 없애자는 이야기를 강하게 반복해서 여러 번 들려주신 김희경 본부장님께 박수 부탁드립니다.(박수)

김현정

다음에 올 여성들을
생각하며

2001년 라디오 프로듀서로 CBS에 입사하여 2005년 〈김현정의 이슈와 사람〉의 프로듀서이자 진행자로 활약하기 시작했다. 2008년에 〈김현정의 뉴스쇼〉를 시작하여 지금까지 이끌어 오고 있으며, 이 프로그램은 2014년 한국PD대상 시상식에서 이례적으로 TV 프로그램을 모두 제치고 대상을 수상하기도 했다. '어린 나이'에 '여자'가, 그것도 '기자가 아닌 PD'로 시사 프로그램 진행을 맡아 10년이 넘도록 길을 닦으며 걸어온 이야기를 나눈다.

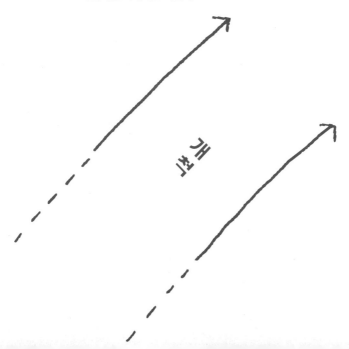

박태근(이하 박) 아시다시피 지난 2015년을 '한국 사회 페미니즘 원년'이라고 불러도 좋을 만큼 여성 이슈가 끊임없이 이어지고 있죠. 이번 기획 대담은 오랜 시간 여성으로서 일의 현장에서 버텨 오신 분들을 모시고 이야기를 함께 나눠 보는 자리입니다. 오늘은 김현정 PD 님을 모셨는데요. '개척'이라는 키워드를 가지고 '다음에 올 여성들을 생각하며'라는 주제로 강의를 들려주실 겁니다. 그러면 PD님을 박수로 모시겠습니다.(박수)

김현정(이하 현) 안녕하세요. 반갑습니다. 저는 CBS 김현정 PD입니다. 제가 오늘 새벽 4시에 일어났고요, 내일도 새벽 4시에 일어나야 돼요. 그래서 저는 저녁 일정을 거의 잡지 않습니다. 정말 불가피하게 1년에 몇 번쯤⋯⋯ 부모님 칠순 정도 되어야⋯⋯.(웃음) 그런데 이 제안을 받았을 때, 정말 흔치 않은 자리니까 바로 수락해야겠다고 생각했죠.

　제가 겪었던 문제들에 사실 저도 답은 없어요. 그렇지만 그동안 겪었던 힘든 일들을 여러분과 함께 나누고 서로 토닥토닥해 주면 그것으로도 의미 있는 자리가 되지 않을까 하는 생각이 들어서 몸이 조금 힘들지만 왔고요, 굉장히 푸근합니다. 이렇게 여성들이 많이 모인 공간, 굉장히 좋아해요. 제가 여중, 여고, 여대를 나왔거든요. 이제 졸업한지 20년이 되었죠. 여자들이 이렇게 많이 모이는 자리는 고향 같고, 푸근하고⋯⋯. 여기 남성은 세 분 계시는데 모두 여성스러우시고.(웃음) 굉장히 좋습니다. 오늘 편안하게 우리들의 이야기를 했으면 좋겠습니다.

시사 프로그램 첫 여성 진행자가 되기까지

저는 2001년에 입사를 했습니다. 졸업한 건 2000년이었는데, 원래 꿈이 라디오 PD였어요. 지금도 그렇지만 그때도 취업이 쉽지 않았죠. IMF가 지나간 지 얼마 안 돼서 사람을 새로 뽑는 곳이 별로 없었어요. 당시 저희 교수님이 비슷한 직업군 세 종류 정도를 정해서 준비하고 도전하라고 하셨죠. 지금 취업 준비하시는 분들에게도 여전히 유효한 말이라고 생각합니다.

그래서 PD, 기자, 방송 이렇게 셋으로 정하고 준비하다가 기자 시험을 먼저 봤습니다. 운 좋게 기자가 되었지만 라디오 음악 PD라는 꿈을 못 버리겠더라고요. 초등학교 때부터 꿈이라 '안 되겠다, 한 번만 도전해 보자'고 결정하고 다시 시험을 봤습니다. 그래서 2011년 CBS PD로 입사를 한 거죠. AD 과정을 거쳐 밤 10시, CBS 음악 FM 〈꿈과 음악 사이〉라는 음악 프로그램의 PD가 되었습니다. 당시 조규찬 씨가 DJ였고요.

어느 날, 조규찬 씨가 지각을 하게 됐어요. 심야라 당직 아나운서는 두 명밖에 없고, 게다가 10시 정각이었기 때문에 다 뉴스를 하러 들어가서 사람이 없는 거예요. 국장님께 전화를 했더니 "네가 들어가서 일단 때워라" 하시더라 고요. 정말 지금 생각하면 기회라는 게 너무 우습게 와요. 그래서 제가 들어가 오프닝을 했는데 이걸 윗분들이 들으 신 거죠. 그때 제 목소리가 시사 프로그램과 어울릴 것 같 다는 생각을 했다고 하시더라고요.

그러다가 얼마 뒤에 국장님이 저를 부르셨어요. 시사 프 로그램 진행자가 휴가를 가게 됐으니 대타를 좀 해보지 않 겠느냐고요. 재미있는 경험이겠다 싶어, 낮 시사 프로그램 에서 2주 동안 대타를 하게 되었습니다. 그게 이렇게 쭉 갈 길이라고는 상상도 못 했죠. 이후 프로그램 개편 과정에서 는 낮 1시에 방송하는 시사 프로그램인 〈이슈와 사람〉을 맡게 되었습니다. 그게 2005년이었으니까 지금까지 12년 째 시사 프로그램을 하고 있네요.

물론 힘들어요. 쉽진 않습니다. 저는 PD 겸 진행을 하다 보니 회의와 섭외로 하루가 다 가거든요. 이런 삶이 쉽진 않아요, 정말.

'내가 여자구나' 느낀 순간들

저는요, 남녀 차별이 전혀 없는 집에서 자랐어요. 저희 어 머니는 "너는 여자니까 설거지를 해, 너는 여자니까 요리 도 할 줄 알아야지" 하시는 분이 아니셨어요. 그리고 아까 도 말씀드렸듯이 여중, 여고, 여대를 나왔기 때문에 오히려 제가 여자라는 것을 느끼며 살아 본 적이 없었죠.

그런데 남녀 공학 나온 친구들 얘기를 들어 보면, 동아리실에 전구가 나간다거나 할 때 교체 작업을 굳이 여자가 안 하고 자연스럽게 남자가 한다고 하더라고요. 여대에서는 전구가 나가든 무거운 것을 들든 그냥 여자가 전부 다 해야 되거든요. 나아가 동아리 대표, 과 대표, 학생 회장, 총장까지 소위 리더의 일도 전부 여자의 몫이고요. 굉장히 자연스러웠습니다. 여자라고 해서 피해 의식을 갖거나 장애를 느낀 적이 한 번도 없었으니까요.

그런 생활을 이어 오다가 취업의 관문에서 처음 나 자신이 여성이라는 것을 느꼈습니다. 지금처럼 취업이 어려울 때는 더 그렇겠지요. 저는 몰랐지만 나중에 들어 보니 회사에서 서울 지역 PD 한 명을 뽑는데 여자를 뽑아야 하는가를 두고 엄청난 갑론을박이 있었다고 해요. 어떻게 여자를 뽑느냐는 거였죠. 어쨌든 제가 뽑혔으니까 통과는 한 셈이지만요.

다 아시는 이야기일 수 있지만, 이건 솔직하게 사실을 말씀드려야 할 것 같네요. 남녀가 있는데 실력이 비슷해요. 누굴 뽑을까요? 남자 뽑습니다. 여자가 조금 나을 경우엔 누굴 뽑을까요? 안타깝지만 남자 뽑습니다. 지금 저는 제가 직접 경험한 방송계 이야기를 하는 겁니다. 여자가 한 50퍼센트쯤 더 나으면? 남자 뽑습니다. 그럼 도대체 언제 여자를 뽑느냐? 월등히 나아야 뽑습니다. 200퍼센트 나아야 뽑아요. 설사 이 사람이 다니다가 결혼해서 그만두더라도 '야, 이 정도면 도박을 걸어 볼 만해' 하면 그때 여자를 뽑는 겁니다.

좌절하라고 드리는 말씀은 아니에요. 지금 워낙 취업이 어려워서 어느 분야든 상황은 비슷합니다. 이를 악물고 그 자리를 거머쥐라는 말씀을 드리고 싶어요. 들어가서 보란 듯이 하세요, 보란 듯이. "한 명 자리를 여성한테 줬는데 잘하네, 끝까지 하네, 이를 악물고 하네." 그러면 그다음 자리도 줍니다. 신기한 건 매년 입사 시험을 보면 PD 지망이 1천 명이 넘는데 1, 2, 3, 4, 5 심지어 10등까지 여자가 쫙 나올 때가 있어요. 다른 방송국 상황도 비슷해요. 그런데도 여자들을 잘 안 뽑으려고 하는 건, 금방 나가 버리기 때문이거든요. 들어와서 보란 듯이 해내잖아요? 그럼 그다음엔, 앞에 열 명의 여자가 있는데 굳이 열한 번째 남자를 꼭 뽑아야 할 이유가 없어요.

정말 나쁜 건 남자인 홍길동 씨가 일을 못하면 "아, 홍길동 씨 일 되게 못하네, 되게 뺀질대네" 이러면서, 여자 직원이 못하면 "여자는 원래 저래, 여자라서 뺀질대네"라며 여자 전체가 되어 버린다는 거예요. 이게 지금 우리 사회의 실상이라고 저는 생각합니다. 그래서 우리가, 일을 가진 여성들이 그다음 후배들, 그다음 여성들의 길을 만들어 주기 위해서라도 열심히 해야 한다고 생각해요.

'내가 여자구나' 하고 느낀 두 번째 순간은 결혼을 하면서였습니다. 앞서 말씀드렸듯, 저희 어머니는 딸이라고 집 안일을 시키는 경우가 거의 없었거든요. 그런데 결혼을 하고 보니 집안일이 일단 제 몫이 되더라고요. 요즘은 집안 일을 잘 도와주는 남편들도 많다고 하지만, 남자들은 '도와 주는' 거지 그게 자기 일이라고 생각 안 합니다. 잘해 주는 사람들도 도와주는 거라고 생각을 하죠. 주책임자는 여성 이고 남자는 도와주는 부책임자. 둘 다 시간이 많고 몸이 편하다면 문제가 덜할 거예요. 그러나 맞벌이를 하면 둘 다 피곤하죠. 일하는 여성, 일하는 남성 모두 가사를 하기 싫은 상황이 되면 어쩔 수 없이 주책임자가 그걸 떠맡고 가야 하는 일이 발생하더라고요. 이 문제를 어떻게 해결할 것인지, 사실은 저보다 결혼 생활을 더 오래 하신 다른 분 들께 답을 찾고 싶은데……. 저는 못 찾았어요. 아직은 남 편을 혼내면서 제가 그냥 합니다. 아, 그렇다고 제가 남편 을 싫어하는 건 아닙니다.(웃음)

세 번째는 일을 할 때인데요. 제가 진행하고 있는 〈김현 정의 뉴스쇼〉는 아침 7시에 시작합니다. 저희 채널의 메인 뉴스 시간이죠. CBS 60년 역사에서 계속 쉰 넘은 남자 부 장들 또는 보도국 기자들이 차지했던 자리입니다. 제가 맡 게 되자 보도국 쪽에서는 걱정스러운 눈초리로 "아니, 시 사 프로그램 메인 시간에 기자도 아닌 PD, 남자도 아닌 여 자, 나이도 서른밖에 안 된 어린애를 넣을 수 있겠느냐"라 는 말이 돌았죠. 어떻게 보면 당연한 우려였을 수 있지만,

전 '아, 그렇구나, 내가 여자였지, 나이도 어린 여자였구나'라는 것을 다시 한 번 느끼게 됐습니다. 하지만 프로그램을 맡고 성과가 잘 나오자 그런 우려는 모두 사라졌어요. 사회라는 곳, 직장이라는 곳은 성과를 내면 그 전의 것들은 다 잊혀요. 그럼에도 문제는 계속 생겼습니다. 바로 제가 '어린' '여성' 진행자였기 때문에요.

저는 하루에 적으면 네 명, 많을 때는 여섯 명까지 매일 새로운 사람을 만나서 전화 인터뷰를 합니다. 제가 만나는 사람들은 보통 권력의 중심에 있는 정치인이나 공무원 중에서도 높은 분들이에요. 대부분 남성에 나이가 많은 분들이죠. 우리 사회는 여전히 유교적인 가치관에 의해 지배되고 있어요. 나이와 성별을 따집니다. 남자냐 여자냐 할 때는 여자가 더 아래쪽이고, 나이가 많냐 적냐 할 때는 적은 사람이 아래쪽에 있죠. 이 그래프를 따라가면 결국 나이 어린 여자가 가장 아래쪽에 있습니다.

한번은 유명한 남자 정치인과 전화 인터뷰를 하던 중, 그분이 말이 막히자 이러시는 거예요. "어이, 김현정 씨, 어이, 김현정 씨 내 말 좀 들어 봐요." 저한테만 그런 줄 알았더니 나중에 보니까 기자들 모여 있는 자리에서도 여자 기자가 날카로운 질문을 하는데 "밥은 먹었어요?" 이런 소리나 한다고 그러더라고요. 우리 사회에는 마초적인 생각을 가진 남자들이 정말 많습니다. 그런 상황을 만날 때 제가 '어린 여자'구나 느끼곤 했죠. 물론 이제야 그런 소리를

듣지 않을 만큼 나이가 들었지만요.(웃음)

우리는 곳곳에서 '어린' 혹은 '여자'라고 무시하는 사람들을 만납니다. 그럴 땐 어떻게 해야 할까요? 그 자리에서 내 권리를 강하게 주장하느냐? 강하게 맞서면요, 뚝 부러집니다. 저는 뚝 부러지기를 원하지 않아요. 다른 여성들이 뚝 부러지기를 권하지도 않고요. 내가 거기서 당당하게 뭔가를 부르짖다가 뚝 부러져서 그대로 그냥 집에 돌아간다고 "와, 대쪽 같은 여성 하나가 당당하게 부르짖다가 집으로 돌아갔구나" 하면서 기려 줄 사람은 없어요. 그건 아니라고 생각합니다. 대신 뒤에서 칼을 가세요. 내가 언젠가 저 사람보다 높은 자리에 가서 반드시 뭔가를 보여 주겠다. 그때는 내 후배 여성들이, 내 뒤로 들어오는 여성들이 이런 일 겪지 않도록 내가 문화를 바꿔 보겠다. 이런 긍정의 에너지로 돌리자고 말씀드리고 싶습니다.

앞서 결혼을 하고 나서 스스로가 여자임을 느꼈다는 말씀을 드렸는데요, 저는 그게 끝인 줄 알았어요. 그다음에 무시무시한 게 기다릴 거라곤 상상도 못 하고 덜컥 애를 낳았습니다. 결혼하고 세 달 만에 임신을 했어요. 세상에, 세상에, 집안일 따위…… 그런 건 내가 다 해도 괜찮아.(웃음) 정말 비교도 할 수 없을 만큼 무시무시한 게 기다리고 있더라고요.

일단 입덧을 너무너무 심하게 했어요. 24시간 내내 뱃멀미 상태라고 생각하시면 돼요. 드라마를 보면 그런 거 있잖아요. 냉장고를 문을 열다가 "욱" 하는 거. 전 그 장면이 극적인 효과를 위한 쇼인 줄 알았거든요. 그런데 제가 그러고 있더라고요. 어느 정도였냐면, 지나가다가 중국집 간판만 보고도 구토를 했어요. 회사까지 기어와서도 '아, 과연 저기 들어가서 목소리가 나올까?' 싶고. 근데 온 에어 불이 들어오면 그래도 또 힘이 나서 마약에 취한 듯이 방송을 하고 나오는, 그런 식으로 살았습니다.

그나마 배 속에 있을 때는 나았죠.(웃음) 훨씬 나았어요. 낳고 나니 아이가 너무나 예민하더라고요. 정말 30분마다 한 번씩 일어나서 울고……. 근데 저희 신랑은 너무나 안 예민한 사람이에요. 울든 말든 푹 잘 수 있는 거죠. 다시 한 번 말씀드리지만, 저는 물론 신랑을 사랑합니다.(웃음) 아무튼 그럴 때마다 제가 일어나서 애를 봐야 했고 새벽 4~5시가 되면 일어나서 출근을 해야 했죠. 아…… 정말 힘든 시간이었어요.

지금은 그래도 많이 컸습니다. 초등학교 4학년 딸과 일곱 살짜리 남자아이, 두 아이가 있어요. 일하고 집에 가면 완전 파김치가 되죠. 보통은 저녁 8시쯤 퇴근해서 아이들 봐주시던 친정어머니를 보내 드려요. 신랑은 더 늦게 퇴근하죠. 밥을 먹고 치우고, 몸에 힘이 하나도 남아 있지 않아 파김치가 된 채 침대에 누워 있으면 초등학생 딸이 와요. "엄마, 내일 시험 보는데 이것 좀 가르쳐 주세요." 일어나서 애를 가르쳐 줘야 되는데 그럴 힘이 없는 거예요. 옆에 앉아 있질 못하겠고요. 누운 상태에서 "가져와 봐" 이렇게 되는 거죠. 그러고 있자면 또 저기 화장실에서 일곱 살짜리 아들이 "엄마! 엄마!" 불러요. "왜?" 그러면 "똥 닦아 줘!"(웃음) 더러운 단어라고 생각하지 마세요. 애네들은 이 단어밖에 못 써요.

그럼 이런 질문이 나올 수 있겠죠. 애들을 좀 독립적으로 키우면 안 되나. "어머니, 저 대변 봤습니다." 이 정도쯤 되면(웃음) 그땐 독립적으로 할 수 있겠죠. "엄마, 똥 닦아 줘" 정도인 애들은 못 닦아서 부르는 겁니다. 저 같은 경우는 다행히도 친정어머니가 아이를 맡아 봐주시니 정말 감사하지만 그래도 아이를 키우기 위해서는 또 다른 누군가의 희생이 필요하다는 현실이 답답하긴 합니다. 그럼에도 불구하고 보람이 있어요. 농부가 씨를 뿌리는 기분이 이럴까요? 저는 아이를 잘 못 돌보는데도 어느 순간 봤을 때 애가 이렇게 자라 있으면 굉장히 뿌듯합니다.

육아가 힘든 일이기는 하지만 자신의 일을 포기하지 않으셨으면 좋겠어요. 저희 선배들 중 자기 일을 갖고 있으면서 나이가 쉰 정도 되시는 분들을 보면, 아이를 대학생까지 키운 뒤 자유롭고 성취감도 높은 모습이 참 보기 좋더라고요.

나의 여성성을 장점으로

성공한 여성들의 장밋빛 인생과 같은 스토리는 많이 들어 보셨을 것 같아 저는 좀 리얼한 '이 시대 직장 여성들의 이야기'를 들려 드렸습니다. 제가 너무 안 좋은 이야기만 했나요? '그럼 도대체 여자라서 좋은 건 뭐냐, 여자가 살 수 없는 세상이잖아'라고 생각하실지도 모르지만, 그렇진 않습니다. 여성성이 장점이 될 수 있는 상황들도 많아요.

일단 사람들이 남성보다는 여성을 편안하게 대합니다. 부드러울 거라고 생각하는 거죠. 제가 하는 일과 경험을 토대로 말씀드려 볼까요. 제가 하는 인터뷰도 남성 앵커라면 "(딱딱한 남성 목소리로) 어떻게 생각하십니까? 어떻게 된 거죠?"(웃음) 이런 식으로 했겠죠. 정치인들에게는 그래도 괜찮지만, 저희는 일반인 인터뷰도 많이 하거든요. 사건의 목격자일 수도 있고, 유가족일 수도 있고요. 처음으로 방송을 하게 된 일반인들은 아무리 전화 인터뷰라지만 얼마나 떨려요. "어떠세요. 하아, 정말 힘드시죠" 하며 편안하게 끌어들이면 힘든 이야기도 술술 나옵니다.

그리고 시사 프로그램이라는 것에 대한 일종의 고정 관념이 있잖아요. 굉장히 많이 배운 남자가 약간의 잘난 척과 함께 딱딱하게 진행할 것 같은. 사실 저는 처음부터 그 고정 관념을 깨려고 의식적으로 노력했어요. '그냥 내 스타일로 하자.' 일부러 잘나가는 시사 프로그램들을 듣지 않았어요. 그 남자 진행자를 따라 할까 봐 안 들은 거죠. 그냥 제 스타일대로 웃고 싶을 때는 그냥 웃고, 슬플 때는 그냥 울고, 이런 식으로 했어요. 궁금할 땐 물어보고, 잘난 척하지 않고, 어려운 용어 쓰지 않고. 그랬더니 인터뷰이들이 훨씬 술술 자기 얘기를 하더라고요. 그래서 저희 프로그램에서 특종이 많이 나옵니다.

아마 여러분이 일하시는 분야, 여러분이 꿈꾸고 준비하는 그런 분야에도 여성이기 때문에 유리한 요소들이 분명히 있을 겁니다. 우선 그걸 찾으세요. 여자라서 불리한 점을 커버할 만한 장점은 무엇일까 우선 고민하시고요. 지금 내가 속한 집단에서 그런 걸 찾을 수 없다면, 그런 곳을 찾아 악을 쓰고 꼭 들어가세요. 여성으로서의 나의 장점이 발현되는 그곳이 분명히 있을 겁니다. 커버할 수 있습니다.

그래요, 여성이라서 불리합니다. 엄마라서 불리한 점 많고요, 경력이 단절된 여성이라 불리한 점 많고요, 어린 여자라서 불리한 점 많습니다. 출발선부터 다른 경우가 많아요. 굉장히 불합리하죠. 그런데, 바로 그것이 장점이 될 수도 있습니다! 참 모순된 말 같지요? 예를 들면 이렇습니다. "아, 저기 애 셋 딸린 아줌마 뽑아서 뺀질거리고 일 안 할 줄 알았는데 되게 열심히 해." "와, 진짜 기대 안 했는데, 엄청 성실하네?" 이때부터 그 여성은 자신과 똑같이 일하는 남성보다 훨씬 믿음직한 직원이 됩니다. 마찬가지로 되게 여리여리해 보이는 신입 사원 여성, 집에 일찍 갈 것 같고 거친 일 못할 것 같은 사람이 들어왔는데 옆에 있는 남성 동료만큼 혹은 그보다 더 잘해 내잖아요. "야! 쟤 못할 줄 알았는데 해내네? 야, 괜찮다." 이렇게 기대 안 했던 여성이 해낼 때 훨씬 더 주목을 받습니다.

시스템은 아주 천천히 바뀐다

이런 얘기가 나올 수도 있겠죠. "아니, 시스템이 바뀌어야지, 왜 우리가 악착같이 해야 하죠? 이 상황이 정상입니까? 세상이 바뀌어야죠." 그런데 문제는, 세상이 안 바뀐다는 거예요. 아니, 바뀌긴 바뀌는데 굉장히 천천히 바뀝니다. 아주 느리게. 여기 있는 우리 모두가 노력을 무지하게 했을 때 요만큼, 1센티미터씩 바뀌죠. 팔짱 끼고 그거 바뀌기를 기다리면 내가 늙어 죽어요. 기다리고 있을 수만은 없잖아요. 이 상황에서 내가 할 수 있는 것을 찾아야 합니다. 팔짱만 낀 채 있지 말고 열심히 하세요. 뛰세요.

여성들이 일터에서 주는 가장 나쁜 인상은 '얌체'입니다. 딱 제 것만 챙기는 얌체. 그렇게 되지 않았으면 좋겠어요. 얌체처럼 딱 내 일만 하면 당장엔 이익 같죠. 나는 1백만 원 받으니까 1백만 원어치만 해야지. 그럼 되게 합리적인 것 같죠? 하지만 그런 사람 절대 오래 못 갑니다. 그 일 오래 못 해요. 성취감도 보람도 느끼지 못해요. 멀리 보면 약간 손해 보는 듯이 일하는 사람이 더 좋은 성과를 거둡니다.

또 하나는, 자기 일을 사랑했으면 좋겠어요. PD들은 프로그램을 '자식'이라고 표현해요. 내 어머니가 나를 사랑했듯, 내가 내 자식을 사랑하듯 그렇게 프로그램을 만들려고 하고, 실제로 그렇게 만듭니다. 돈을 많이 벌어서가 아니라 내 일을 사랑해서 달려드는 사람은 이길 수가 없어요. 물론 이렇게 일하면 100퍼센트 성공한다고는 말 못 하지만, 내 일을 사랑하는 사람은 100퍼센트 행복합니다. 행복한 여성, 행복한 워킹 우먼이 되는 것만은 분명한 것 같고요, 그런 의미에서 오래 갑니다.

지금 일을 하고 계시는 분은 물론이고, 특히 자신의 일을 찾고 계신 분들이라면 그 일이 정말 내가 사랑하는 일인가부터 생각해 보시길 권합니다. 돈을 많이 주는 일과 돈은 적게 주는데 재미있게 할 수 있는 일이 있다면, 저는 두 번 돌아보지 말고 내가 좋아하는 일을 찾으라고 이야기하고 싶어요. 제 친구들 중에도 돈을 많이 버는 것을 기준으로 일을 선택한 친구들은 인생의 여러 고비에서 결국은 그만두더라고요. 반면 하고 싶은 일을 찾아간 친구들은 아직까지 남아 있습니다. 그 길을 끝까지 가는 거죠. 내가 하고 싶은 일이기 때문에, 사랑하는 일이기 때문에 그렇습니다. 힘들 때 쓰러지지 마시고 옆에 사람하고 손잡아 가면서, 동지애를 느껴 가면서 어려움을 이겨 내셨으면 좋겠습니다. 고맙습니다.

박 재미나게 들으셨죠? 저도 뒤에서 많이 웃었습니다. 제가 궁금한 점을 PD님께 여쭙기보다는 여러분이 오픈테이블에서 궁금하다고 전해 주신 질문들을 가급적 많이 나눌 수 있는 시간으로 진행하겠고요, 바로 질문을 드려 보죠.

일에 대한 사랑이 에너지의 원천이라고 말씀해 주셨죠. 여기 계신 분들도 아마 한때는 일을 사랑하셨을 거라고 믿어 의심치 않습니다.(웃음) 일과 나의 관계라는 게, 딱 내가 하는 일과 나 사이에만 있는 게 아니라 주변의 많은 다른 관계들도 포함되죠. 대표적으로 남자 상사와의 관계라든가……. 왜냐하면 상사들은 남자가 훨씬 많으니까요. 그런 구조 속에서 한 단계 한 단계 올라가려다 보면, 결국 남자 상사들 혹은 다른 남자들과의 관계를 우호적으로 잘 만들고 신뢰를 쌓아 가는 것이 일을 잘해 내는 것 못지않게 중요하게 작용하는 것 같습니다. 그런 부분에 대해서 조언을 좀 들려주시면 좋겠어요.

현 네트워킹 문제인데요, 어려운 문제죠. 제가 입사하고 나서 4~5년쯤은 다들 새벽 4시까지 회식하면 같이 회식하고, 회의하면 같이 회의하고 그랬어요. 그러다가 결혼을 안 하면 몰라도 결혼하겠다, 아이까지 낳겠다 생각하면 상황이 달라집니다. 어쩔 수 없는 경우가 발생해요. 남편도 바쁘고 나도 바쁘고, 둘 중 하나는 들어가서 애를 봐야 하는데 회의는 계속되고, 회식도 계속되고, 이럴 때 어떻게 해야 될까요? 어쩔 수 없습니다. 둘 중 하나는 포기해야죠. 그리고 여성들은 대체로 회사 일에서 빠지는 것을 선택하게 됩니다. 그러면서 위로 갈수록 점점 회사 네트워크에서 배제되고요. 이렇게 어쩔 수 없는 상황이 생기기도 하죠. 다르게는, 남자들이 일부러 배제시키는 경우도 있습니다. 대부분의 평범한 회사에서는 위로 올라가면 올라갈수록 그들만의 리그가 되고, 중요한 사안이 밤에 회식 자리에서 결정이 납니다. 자의든 타의든 이런 자리에 빠지다 보면 그 네트워크에서 점점 더 멀어지게 되는 거죠.

제가 이제 16년차니까 회사의 허리쯤 돼요. 저도 마찬가지 고민들을 했습니다. 육아 문제로 한 번 두 번 빠지기 시작하니까 어느샌가 저는 당연히 안 부르더라고요. 얘기해도 어차피 못 올 텐데, 서로 불편할 테니 아예 말을 안 하는 거죠.

욕심을 크게 내지는 말자, 다 가질 수는 없다고 저는 결론을 내렸습니다. 제가 어떻게 다 가져요. 슈퍼맨이 아닌데.(웃음) 다 가질 욕심을 버리고 꼭 해야 할 것들은 하자는 정도로 기준을 잡았어요.

그게 뭐냐면, 중요한 세미나나 1박 2일 워크숍 등 내가 회사의 '허리'로서 해야 할 것들은 꼭 챙기는 것을 원칙으로 삼는 동시에 후배들은 하나하나 챙기고 아껴 주는 겁니다. 밤에 벌어지는 자리에 함께하지는 못하지만 후배들 하나하나 예뻐해 주고 고민이 있을 때 찾아올 수 있는 의지할 만한 선배가 되면 회사 네트워크에서 빠지진 않습니다. 또 하나는, 회사에 있는 여성이 몇이 되었든 여성들끼리의 네트워크가 중요하다는 점입니다. 점심시간도 좋으니 가끔이라도 여성들이 모여 우리끼리 할 수 있는 이야기를 좀 털어놓으세요. 그것도 굉장히 중요합니다. 내가 여성이어서 겪는 문제가 생길 때 여성 선후배, 여성 동료들이 분명히 도움이 되거든요.

다 하려고 욕심내면 쓰러져요. 저 같은 경우 방송과 집안일, 딱 이 두 가지를 제외한 영역에서는 사실 욕심을 내려놨어요. 대신 그 두 가지만큼은 똑 부러지게 하려고 합니다. 중요한 게 무엇인지는 여러분 각자에게 다를 수 있어요. '나는 인적 네트워크가 더 중요해'라고 생각한다면 그런 자리에 열심히 참석하시면 됩니다. 대신 모든 것을 다 하겠다는 생각은 하지 마세요. 자신의 깜냥에 맞는 기준을 세워서 가시면 좋을 것 같습니다.

박 다음 질문은 저도 공감했던 질문입니다. 사회에서 성공했다고 불리는 여성들을 볼 때, 남성이든 여성이든 그 사람 잘 모르는데도 "와, 저 사람 독하다" 이렇게 평가하죠. 그리고 "독하니까 저기까지 갔겠지" 하기도 합니다. 질문해 주신 분은, 그렇게 목표를 향해 독하게 나아가면서도 여자이기 때문에 유연하고 부드러운 듯 보여야 하는 상황이 너무나 어렵다고 하셨어요. 김현정 PD님이 실제로 독한지 아닌지는 알 수 없지만, 많은 이들이 '독한 사람'이라고 얘기하잖아요.(웃음) 그래서, 조언을 듣고 싶다고 하시더라고요.

현 독한 여자라고 불리는 것, 어떻게 응할 것이냐. 성공한 여자는 독한 여자인가……. 근데요, 독한 여자는 못된 여자가 아니에요. 독한 여자가 되세요. 이건 못된 여자가 되라는 뜻이 아니에요. 프로가 되라는 뜻이죠. 자기 일을 악착같이 하되 남에 대해서는 너그러워지세요. 내 일은 악착같이, 다른 사람에 대해서는 좀 손해 보듯이 하라는 뜻입니다.

저를 만나러 오신 분들이 자주 하시는 말씀이, 엄청 딱딱하고 콧대 높은 여성일 줄 알았는데 보통 아줌마처럼 편안한 사람이어서 놀라셨다고들 해요. 강해 보이고, 세련되고, 똑똑하게 보일 필요 없어요. 그런 건 실력이 아니에요. 예를 들어 저 같은 방송인이라면 제 프로그램에서 어떤 인터뷰가 나오고, 어떤 특종이 나오고, 어떻게 세상을 움직이느냐가 중요할 뿐 나머지는 다 부차적인 것들입니다. 남들에게 어떻게 보이는지는 아무 중요성도 없어요. 독하게 하세요. 못되게 하지 마시고.

박 PD님께서 좀 손해 봐도 괜찮다고 반복해서 말씀을 하셨지만, 손해 봐도 괜찮지 않은 여성으로서의 역할이 엄마이지 않을까 싶습니다. 이런 질문도 나왔어요. 그런 바쁜 일정을 소화하다 보면 사람이니까 당연히 자녀에게 소홀해질 수도 있고, 그러다 보면 엄마로서 죄책감을 느끼는 순간들이 있을 것 같습니다. 그런 죄책감을 느끼기도 하시는지, 그런 감정이 나에게 몰려올 때 어떻게 슬기롭게 대처하시는지, 이런 부분에 대해서 조언을 얻고 싶다고 하시네요.

현 죄책감은 당연한 거죠. 저는 두 아이 모두 1년씩 모유 수유를 했어요. 둘째 때는 육아 휴직을 해서 상관없었는데 첫째 때는 출산 휴가 3개월 마치고 복귀해 일하면서 9개월을 더 모유 수유 했습니다. 지하에 있는 여성 휴게실에 유축기를 갖다 놓고 두세 시간마다 유축을 해서 냉장고에 넣어 놨어요. 밤에 집에 갖다 두면 그다음 날 아이가 그걸 먹는 거죠. 그렇게 회사 다니며 9개월을 하고 딱 첫돌 되는 날 끊었어요. 그렇게 9개월이나 했던 건, 아마 죄책감 때문이었던 것 같아요. 지금 생각하면 그렇게까지 할 필요가 없었어요. 그냥 분유를 먹였어도 됐던 건데, '집에 있는 엄마들은 다 모유수유 한다는데…… 그래야 애가 머리도 좋아지고 면역력도 좋아진다는데…… 내가 세 시간마다 가서 짜면 되는데 그걸 못 해주면 안 되지' 이런 생각을 했던 거죠. 엄마가 되면 그 정도로 죄책감을 느끼게 됩니다.

한번은 초등학교 간 딸이 성적표를 가지고 왔는데, 선생님 말씀이, "아이가 똑똑하고 다 좋은데 준비물을 안 가지고 옵니다. 집에서 준비물을 좀 챙겨 주세요"라고 써 있는 거예요. 창피하더라고요. 연세 드신 할머니가 아이 둘을 봐주시니까 그런 게 잘 안 되는 거죠. 그래서 어떻게 할 것인지 고민을 했어요. 거기서 나온 결론이 이렇습니다. '내려놓자. 완벽한 엄마가 될 수는 없다.' 제가 일과 가정을 양립하기 위해 세웠던 기준과 같죠. 내려놓을 것은 내려놓고, 대신 꼭 해야 되는 건 열심히 하자. 그렇게 해도 잘 자라더라고요.

예를 들어 알림장에 매일매일 사인을 해 가야 되는데, 어느 날은 제가 너무 피곤해서 잊어버린 거예요. 잊어버렸다는 걸 알아차린 것도 다음 날 아침이 아니라 그다음 날 밤이었죠. "너 어제 내가 알림장에 사인 안 해줬는데 어떻게 했니?" 물었더니 한다는 말이, "엄마, 내가 알림장에 사인했어."(웃음) 아이 역시 스스로 살 방법을 찾아가는 것 같아요. 분명히 언젠가는 애가 엄마를 자랑스러워할 날이 올 거다, 자기도 커 보면 엄마가 이런 어려움을 다 견디고 나를 키웠구나, 버텼구나, 자랑스러워할 날이 올 거다 생각하면서 그렇게 살아갑니다. 많은 엄마들이 죄책감만큼은 느끼지 않았으면 좋겠어요.

박 그 죄책감 역시 남성이냐 여성이냐에 따라 다르게 다가올 텐데요, 아버지가 집안일 못 챙기면 "큰일 하는 사람이 작은 일 못 챙길 수도 있지" 하면서 여성이 못 챙기면 "작은 일도 못 챙기는데 어떻게 큰일을 하겠어?" 이런 식으로 되는 거잖아요.

현 바로 그거죠.

박 너무 잘 알고 있나요?(웃음)

현 여성성이 돋보이십니다. 진짜 좋습니다. 아주 훌륭하세요.(웃음)

박 앞서 여성끼리, 동료들끼리의 관계와 연대가 중요하다고 말씀하셨죠. 요즘 SNS에서 많이 나오는 말이 있어요. 줄여서 '여적여'라고, "여자의 적은 여자다"라는 말이죠. 이 부분에 대해서 어떻게 생각하시는지 좀 말씀해 주세요.

현 여자의 적은 여자다, 일단 동의하지 않습니다. 여자의 적은 절대 여자가 아니에요. 분명히 아니고요. 이런 것도 개인의 태도가 중요하다고 저는 생각하거든요. 아까 말씀드렸죠. A라는 남자가 잘못하면 "A 씨 잘못 뽑았어" 이러는데, B라는 여자가 잘못하면 "여자를 뽑은 게 잘못이야" 한다고요. 어떤 여자 후배를 남자들이 욕하고 있을 때, 같이 욕하지 마세요. 그 후배를 따로 불러 얘기해 주세요. 조언해 주는 여자 선배가 있을 때, 절대 여자의 적은 여자가 될 수 없습니다.

그리고 다시 한 번 강조하지만 여성들끼리의 네트워크가 중요합니다. 네트워크라고 해도 별다른 건 아니고요, 그냥 우리끼리 모여서 힘든 이야기, 우리만 할 수 있는 이야기를 하면서 서로 토닥토닥해 줬으면 좋겠어요. 그러면 절대 여성의 적은 여성이 되지 않습니다.

만약 여자 선배 때문에 힘들다면 스스로 먼저 바뀌어도 될 것 같아요, 항상 '내가 가는 길이 첫 길이다'라고 생각하고 가시면 편해요. 내 위에서 나를 적이라고 생각한 여자 선배가 있어도 내 차례에서 그런 감정을 끊으세요. 그렇게 후배에게 모범을 보이면 자연스럽게 그 길을 따라옵니다. 사회의 조직 문화는 윗사람을 그대로 따라가게 되어 있거든요. 여러분이 자신의 자리에서 문화를 만들어 가면 좋겠습니다.

박 결국 '스스로 롤모델이 되라'는 말씀인데, 이런 질문도 많았어요. 여성의 경우 아무래도 소위 고위층 또는 사회적으로 성공했다고 불리는 자리에 가 계신 분이 남성보다 적다 보니까 롤모델로 삼을 만한 여성을 찾기 어려운 것 같다, PD님의 롤모델을 소개해 주시면 좋겠다. 구체적인 사람이 아니더라도 어떠어떠한 모습을 보고 배웠다든지, 이런 게 있었나요?

현 글쎄요, 롤모델이 없었습니다. 그래서 저는 이런 자리도 굉장히 중요하다고 생각해요. 일에 대한 거라면 직장 안에서 롤모델을 찾는 게 좋겠죠. 하지만 저 같은 경우에는 일단 직장에 여성이 별로 없었어요. PD 직군에서는 아예 없었고, 아나운서 같은 다른 분야에는 있었지만 사실 제가 누구를 보면서 가야 할지 잘 모르겠더라고요. 특히 시사 프로그램을 여성 PD가 하는 경우는 없다시피 했고요.

그런데요, 제가 진행하는 것과 같은 시간대에 다른 방송사에서도 비슷한 시사 프로그램을 했거든요. 〈MBC 시선집중〉, 〈KBS 안녕하십니까〉, 〈SBS 전망대〉, 하나씩 다 있어요. 제가 시작할 땐 전부 남성이었는데, 어느 정도 시간이 지나자 SBS에서도 여성 진행자가 그 프로그램을 맡게 되었고, 또 이제는 낮에 하는 시사 프로그램 몇 개도 여성들이 진행합니다. 한 사람이 나서서 길을 만들어 주면 뒤이어 온다는 얘기예요. 저는 솔직히 롤모델이 없어서 힘들었지만, 여러분 분야에서는 꼭 한 명씩 롤모델이 있었으면 좋겠네요. 만일 없다면, 여러분이 그 주인공이 되시면 좋겠습니다.

박 마지막 질문입니다. 젠더 차별의 양상은 열악한 노동 현장에 훨씬 더 많이 있고, 어쩌면 이 자리에 올 수 있는 우리들은 비교적 안전지대에 있는 사람들인 것 같기도 한데요, 좀 더 형편이 나은 여성들이 평소에 무엇을 더 생각하고 어떻게 힘을 보태야 사회 전체의 젠더 차별을 개선할 수 있을까요?

현 어려운 문제네요. 결국은 내가 영향력을 끼칠 수 있는 자리에 가서 세상을 조금씩 바꿔야 해요. 그게 제일 어렵지만 가장 확실한 방법인 것 같습니다. 앞서 강하게 맞서다 부러져서 집으로 가지 말라고 말씀드렸잖아요. 이것도 마찬가진 것 같아요. 세상은 우리 마음대로 빨리빨리 변해주지 않습니다. 일단은 견디세요. 유들유들하게, 조금 유연하게. 그래서 '선한 영향력'을 끼칠 수 있는 자리로 갑시다. 공무원이시라면 윗선으로 가시고요, 연구원이라면 연구직의 높은 자리로 가시고요, 요리사라면 1등 셰프가 되시고요. 선한 영향력을 끼칠 수 있는 자리에 가서 그 집단의 문화를 바꾸세요. 바꾸어 나가면 됩니다. 조금 더딜 수도 있고, 당연히 어렵고 힘들겠죠. 하지만 그게 젠더 차별 문화를 바꿀 수 있는 제일 확실한 방법이 아닐까 합니다. 여러분이 계신 그곳에서 문제의식을 가지고 선한 영향력을 끼칠 그런 자리에 가주셨으면 좋겠습니다.

박 사전 인터뷰 때 해주신 말씀과 연결이 되는 것 같네요. "개인이 뚫고 해결해야 할 것들, 그리고 사회가 아니면 해결할 수 없는 것들, 두 가지를 다 놓치지 말아야 한다." 내 역량을 쌓아 개인이 해결할 수 있는 것들을 하나씩 해결하다 보면 사회가 아니면 해결할 수 없는 지점에 닿을 텐데, 그 정도 수준이 될 때면 사회를 바꿀 힘도 좀 쌓이지 않을까 하는 생각이 듭니다.

현 문제의 양상이 조금씩 다를 뿐이지, 모두 다 힘든 건 사실이에요. 어느 위치, 어느 나이, 어디에 있든 마찬가지죠. 지치지 마시고 고비를 조금씩 넘겨 가자는 말씀을 드리고 싶습니다.

박 예, 제가 드리는 질문은 여기까지입니다. 예정된 시간대로 진행이 잘되어 여러분께 충분한 시간을 드릴 수 있을 것 같네요. 편하게 손을 들어 주시고, 제가 지목을 하면 질문해 주시면 되겠습니다.

청중 1 안녕하세요. PD님은 다양한 분들을 많이 만나시니까 여쭤 보고 싶은데, 요즘은 소통이 자유로워졌기 때문에 여성들끼리 힘을 모아 바꿀 수 있는 부분들이 분명히 있다고 생각하거든요. 예를 들어 성폭력에 대한 형량이 너무 낮다든지 하는, 여성들이 느끼는 여러 불평등한 지점에 힘을 모을 수 있지 않을까 싶어요. 그런데 여성 정치인을 뽑아도 마찬가지고, 과거 10년을 돌아보면 이런 것을 바꿔 나가려는 힘이 모이질 않는다는 느낌을 받습니다. 그 이유가 뭘까요?

현 음…… 뭘까요. 결국은 다 각자가 너무 힘들어서…… 갑자기 눈물이 날 것 같은데…… 그냥 하루하루를 살아 내는 게 힘들어서가 아닐까요. 집안 돌아가는 일은 여자가 맡아 줄 테니 남자들은 자기들끼리 모여서 커넥션도 만들 수 있고, 힘도 모을 수 있고, 논의도 할 수 있겠지만 여자는 그날 하루하루를 지탱해 가는 것도 쉽지가 않아서인 것 같아요.

여성 정치인들을 만나 봐도 똑같아요. 정치인이기 이전

에 여성인 거죠. 우리가 하는 고민들을 똑같이 합니다. 집 안일은 팽개쳐 둔 채 바깥에서 일만 하는 그런 게 아니더라고요. 지난해에 결혼하고 갓 아이를 낳으신 여성 정치인이 계세요. 저희 프로그램에 출연하시는데, 새벽에 방송하러 오시면 간밤에 애 때문에 한숨도 못 잤다는 이야기를 똑같이 합니다. 결국 그런 문제들 하나하나가 다 힘들다 보니, 이제 우리끼리 뭔가 힘을 모아 바꿔 보자는 분위기가 잘 안 만들어지는 게 아닌가 생각해 봅니다. 굉장히 어렵네요.

청중 2 방금 하신 말씀을 듣다가 생각났는데요, 여성들이 각자의 일상을 꾸려 가는 것조차 힘들기 때문에 연대가 어렵다는 말씀이셨잖아요. 저는 20대 초반인데 주변을 보면 거의 다 비혼을 선언하고, 특히 아이는 낳지 않겠다는 생각을 가진 친구들이 대부분이에요. 시간이 지나 이런 제 또래 친구들이 기성세대가 되고, 또 열심히 해서 영향력 있는 자리에 올라가고 하면 뭔가 변화가 생기지 않을까요? 결혼을 안 하면 집안일에 매이지 않을 테니까요.(웃음) 좀 더 자유로운 저희 세대가 힘을 내서 변화를 일으키면 시간이 흐르며 약간씩은 좋은 방향으로 나아가지 않을까 하는 생각이 들었어요.

현 그러네요. 덧붙여 드리고 싶은 이야기가 있는데요, 결혼을 해야 하느냐 마느냐는 모르지만, 적어도 애를 낳기 전에는 대책을 미리 생각하셔야 될 것 같아요. 가족 중 누군가 봐줄 사람이 있든, 믿음직한 도우미를 구하든, 신랑이 일을 그만두고 봐주든, 무엇이든지요. 대책 없이 낳은 제 친구들은 다 일을 그만뒀습니다. 저보다 훨씬 똑똑한 친구들 중에서도 그 대책을 못 세운 친구들은 결국 못 버티고 그만뒀어요. 물론 대책을 가지고 애를 낳았는데 중간에 상황이 바뀌기도 해요. 믿었던 도우미가 다른 곳으로 가버린다든지, 어머님이 봐주기로 하셨는데 편찮으시다든지, 상황이 바뀌어 어쩔 수 없는 경우도 생길 수 있지만 대책은 가지고 갔으면 좋겠어요. 아, 무슨 이야기 하다 이 얘기를 했죠?(웃음) 질문 주신 분은 나이가 어떻게 되세요?

청중 2 스물셋입니다.

현 스물셋. 뭐든지 할 수 있을 것 같죠. 이런 패기 있는 여성들이 많아졌으면 좋겠고요, 답을 꼭 찾았으면 좋겠습니다.

박 사실 제가 오늘 이 질의응답 시간을 별로 걱정 안 했습니다. 직접 다 진행을 해주실 것 같았거든요.(웃음)

청중 3 저는 지금 라디오 구성 작가 일을 하고 있어요.

그런데 경력이 쌓이면 쌓일수록, 말씀하신 것처럼 일을 사랑하는 것만으로는 버텨 내기 쉽지 않은 지점이 있습니다. 저도 결혼 생활을 시작하면서 그런 생각을 많이 하게 됐고요. 대학 동기들이나 같이 일을 시작했던 선배들은 이미 많이 떠났어요. 내가 이 일을 사랑한다는 이유 말고, 현실에서 독하게 버텨 내는 데 필요한 마음가짐이 있을까요?

현 음…… 현실적으로 제일 고민되는 부분은 정확히 어떤 건가요?

청중 3 자꾸 타협하려는 욕구가 생기는 것 같아요. 방송 작가 월급이 그리 많지는 않거든요. 그동안은 내가 좀 손해를 보더라도 함께 방송을 만들어 가는 게 보람 있으니 버틸 수 있다고 생각해 왔는데, 가정생활의 주체가 되면서는…….

현 '이게 정말 내가 하는 일에 대한 적당한 보상인가' 싶은 생각이 들죠.

청중 3 네, 그런 것도 있죠. 하지만 그것보다는 "네가 큰돈 벌지 않아도 돼. 그냥 아이를 키우는 게 어때?" 이런 이야기를 주변에서 자꾸 들으니까…….

현 그런 집 정말 많아요. 내가 버는 돈이 그대로 아이 돌보는 도우미분께 가야 하는 집이 너무 많거든요. 그런 생각 당연히 하실 수 있어요. 너무나 가슴이 아프네요. 일한 만큼 보상을 못 받는 직업이 정말 많죠. "얼마나 번다고…… 차라리 애를 봐라" 하는 말을 듣는 경우도 많고요. 이 고비를 넘는 게 정말 쉽지 않습니다. 그런데 이겨 내고 넘기셨으면 좋겠어요.

제가요, 육아 휴직을 한 적이 있어요. 둘째 낳고 육아 휴직을 하면서 집에서 놀면 되게 편할 줄 알았거든요. 고민도 없고 즐겁게 여유로운 생활을 누릴 줄 알았는데, 일하던 사람이 일을 안 하니까 진짜 몸이 근질근질하더라고요. 게다가 가사 노동이 절대 편한 일이 아니고요. '근심 총량의 법칙'이란 게 있대요. 이 문제만 해결되면 나는 세상에 아무 근심이 없을 것 같다가도, 정작 해결되고 나면 다른 걱정이 또 생긴다는 거죠. 그래서 드리는 말씀인데, 혹시 지금 근심이 있더라도 멈추지 않으셨으면 좋겠어요. 경제적으로 보상이 충분치 않더라도 10년 뒤의 모습을 그리면서 고비를 넘기셨으면 좋겠어요. 10년이 지났을 때 지금의 선택을 후회하지 않을 자신이 있는지, 잘 생각해 보고 결정하세요.

그렇다고 그만두지 않는 게 꼭 정답이란 얘기는 아니에요. 아는 분 중 연세가 많은 산부인과 의사가 계세요. 이분이 젊은 시절 정말 열심히 부도 많이 쌓고 명성도 쌓고 보람 있게 일을 하셨어요. 근데 아이 다 키워서 시집 장가 보내고 나니 허탈하다는 말씀을 하시더라고요. "나는 애들이 자라는 걸 하나도 못 봤다" 하시면서요. 산부인과 의사니까 애 나온다고 하면 달려가고 그랬겠죠. 남의 애를 받느라 우리 애 자라는 모습이 하나도 기억이 안 난다고 그러세요. 그러니까, 각자에 따라 상황은 다른 법이에요.

10년 뒤, 혹은 20년 뒤에 나는 어떤 것에 만족하고 있을까, 그 생각 한번 해보셨으면 좋겠고요, 지금의 일을 얼마나 사랑하시는 건지 정확히 모르기 때문에 뭐라고 말씀드릴 수 없습니다만 나중을 그려 보며 일단은 포기하지 않으셨으면 좋겠어요. 특히 보상이 적다는 이유로 바로 내려놓지는 않으셨으면 한다는 말씀 드리고 싶습니다.

청중 4 김현정 PD님은 비교적 기존의 시스템 안에서 일을 하고 계신 분이라는 생각을 했는데요, 그래서 특별히 여쭤 보고 싶었던 게 있습니다. 여성의 성공을 이야기하다 보면 그냥 일에 대한 문제보다는 그 성공의 배경이나 성공을 위해서 있어야 했던 희생 같은 것들에 훨씬 더 관심을 갖는 경우들이 많고, 실제로 오늘 강연에서도 그런 내용이 많았잖아요. 제가 한번은 컨설팅 회사 파트너 자리까지 올라가신 남성분의 이런 비슷한 강연을 들은 적이 있는데, 그분의 주제는 '나를 이렇게 성공하게 만든 나의 라이프 스타일'이었어요.

아침에 굉장히 일찍 일어나시고 아침 식사를 아주 거하게 하신대요. 삼겹살도 구워 드시고……. 이렇게 단백질이 많은 아침 식사를 하시고 점심은 셰이크만 먹고서는 점심시간에도 계속 일을 하시고, 저녁은 거르시고, 매일 30분씩 피아노를 배우시고, 항상 새로운 걸…….

현 진짜 부럽다.(웃음)

청중 4 모든 게 그런 내용에 초점에 맞춰져 있는 굉장히 재미난 강연이었거든요. 만약 여자가 저런 강연을 했다면 '아침에 삼겹살을 누가 구워 줄까? 저녁에 항상 새로운 걸 배운다는데, 그러면 아이들이랑은 언제 대화할까?' 궁금해들 했겠죠. 하지만 그 자리에서는 아무도 그런 것에 의문을 갖지 않는 거예요. 그분이 성공한 남자이기 때문에요.

사실 제가 몇 년 전부터 힘들었던 육아 이야기를 무용담처럼 늘어놓곤 하는데요, 저도 직장 다니면서 화장실에서 유축하고 그랬거든요. 그런데 여성이 성공을 이야기할 때는 남성들처럼 내가 뭘 잘했고 노력했는지에 대한 것보다는, 결혼 생활이나 육아 등 힘들었던 일들을 주로 이야기하게 되는 것 같아요. 일 자체보다는 배경에 집중해서 말하는 거죠. 그런 것도 일과 관련한 역경이었으니까 바람직하게 생각하고 자랑스럽게 생각해야 하는 건지, 딜레마에 빠지게 됩니다. 여성의 성공을 이야기할 때 항상 육아의 무용담이 등장하는 게 정말 맞는 건지 모르겠어요.

박 이건 이 기획 전체에 대한 고민인 것 같은데요.(웃음)

현 실제로 고생을 했는데 고생 안 한 척할 필요는 없지 않을까요? 여성들이 겪는 현실적인 어려움을 부정할 필요는 없는 것 같아요. 다만 거기서 그치지 말고, 다음에 올 후배들에게는 최소한 화장실에서 유축하지 않아도 되는 환경을 만들어 주려고 노력하는 건 어떨까요.

저희 회사만 봐도 제가 유축할 때보다는 환경이 훨씬 나아졌거든요. 전자레인지도 갖다 놓고, 작은 냉장고도 한 대 놔주고, 커튼도 하나 쳐주고요. 우리의, 나의 역경을 지나간 무용담으로 끝내는 대신 다음 사람에게는 더 좋은 걸 만들어 주는 기회로 삼으면 어떨까 하는 생각이 듭니다.

박 영웅 서사를 예로 들면, 남성 영웅 서사를 들을 때 남성들의 경우 그게 나와 같은 경험이라고 생각하는 일이 거의 없습니다. 굉장히 뛰어난, 신과 같은 사람의 경험으로 생각하죠.

현 동지애 같은 것도 없나요?

> **박** 그런 건 없죠. 정말 뛰어난 사람이기 때문에 그 사람을 우러러보는 거예요. "저런 훌륭한 사람이 있다니" 하면서요. 여성과는 전혀 다른 방식인 것 같습니다. 지금은 많은 분들이 각자의 경험을 떠올리고 공감하며 고개를 끄덕이고 계시잖아요. 이 자체가 다른 맥락에 놓인다는 생각이 드네요.

현 맞아요. 영웅담을 이야기하면서 내가 너무 구질구질한가? 혹은 잘난 척을 하고 있나? 이런 느낌을 받으실 필요는 없을 것 같습니다.

> **박** 시간이 많이 흘러서 손을 들어 주신 한 분께 질문 기회를 더 드리고 이야기를 마무리하려 합니다. 질문 부탁드릴게요.

> **청중 5** 오늘 여러 관문과 허들에 대한 이야기가 나왔는데, 제 경우 두 번째 허들조차 해결되지 않는 상태라서 큰 고민이에요.

현 두 번째요? 결혼?

청중 5 아뇨, 일요. 우선 일을 똑바로 해놓고 승부하라 하셨는데 일을 못하면 어떡하죠? 저에게 다른 문제는 전혀 없어요. 남자와 차별하는 상사도 없고요. 끝까지 열심히 하면 되는데, 일을 못하는 거죠. 음악 방송 PD로 일하시다가 시사 프로그램으로 옮기셨다면 언어도 다르고, 평소 모르던 정치인에 대해서 다뤄야 할 때도 있을 테고, 완전히 다른 세계잖아요. 그때 어떤 방식으로 전환을 하셨는지, 얼마나 열심히 하셨는지 듣고 싶어요.

현 실례지만 어느 쪽 분야에서 일하세요?

청중 5 출판사에서 책을 만들고 있습니다.

현 출판사에서 책을 만드시는데 일을 못하시는군요.(웃음) 근데 말씀은 그렇게 하시지만 못하시지 않을 것 같아요. 적어도 이 시간에 와서 자신의 일에 대해, 그리고 앞으로 벌어질 일에 대해 고민하는 분들이라면 능력이 없거나 일의 소중함을 모르지 않을 거라 생각해요. 말씀하신 대로 분야가 완전히 달라져 힘들 때도 있고, 내 역량을 넘어서는 분야도 계속 만나죠.

제가 능력이 없어서라기보다는 그 능력치를 조금씩 넘는 것들에 도전해야 하는 순간들이 있었는데, 음악 프로그램에서 시사 프로그램으로 갈 때도 마찬가지였어요. 음악이 좋아 음악에 넋 놓고 있다가 갑자기 시사를 하게 된 거죠. 그것도 매일 주제가 달라져요. 정치? 크게 관심 없었는데 매일 봐야 하는 거예요. 처음엔 너무 힘들었어요. 정치도 잘 모르겠고 사회도 잘 모르겠고, 다 모르는 분야였죠. 사실 슬렁슬렁 딱 10분 분량만 준비하고 들어가서 대충 때울 수도 있어요. 준비된 질문만 열 개 하고 끝낼 수도 있는데, 만약 그렇게 했으면 전 지금까지도 힘들었을 거예요.

여러분, 공부하다가 갑자기 눈이 탁 뜨이는 순간이 있죠. 일도 그런 순간이 분명히 있습니다. 어떻게 보면 원론적인 이야기일 수도 있지만, 10분짜리 인터뷰를 위해서 그 주제에 대해 인터뷰이보다 더 많이 알고 들어갔어요. 10분짜리 인터뷰 세 개를 하는데, 그게 뭐라고 준비하느라 밤을 새우는 날이 굉장히 많았습니다. 예를 들어 오늘 출판사 사장님을 만나 출판계의 앞날에 대해서 인터뷰를 한다면, 그분에게 물을 질문의 답을 당사자보다 훨씬 더 많이 가지고 들어가는 거예요. 이분이 어떤 말을 하든 저는 다 알아듣고 그다음 질문으로 연결할 수 있을 정도로 준비하고 들어갔죠. 평생 그렇게 해야 되는 건 아니고요, 어느 순간이 되면 그게 내공이 되어 쌓이는 순간이 분명히 옵니다. 지금은 어떤 주제가 나와도 한 번씩 다 해본 거예요.

일을 못하신다고 했는데, 일을 못하시지 않을 거예요. 그 내공을 쌓기 위해서 조금 힘들지만 겪어야 하는 과정들이 있습니다. 제가 1백만 원 받는다고 1백만 원어치만 일하지 말라고 그랬잖아요. 작은 일을 크게 해보세요. 어느 순간 내공이 쌓여서 큰일을 하는 데도 고생은 작은 날이 올 겁니다.

박 그러면 시간이 많이 흘렀으니 청중 질의 응답은 이 정도에서 정리하고요, 마지막 마무리 말씀 부탁드리겠습니다.

현 답을 잘 못 드린 것 같아서 죄송스럽네요. 저도 답을 모르는 게 너무 많아서요. 뭐라고 말씀드려야 할지 몰라 제가 살아온 이야기를 담담하고 솔직하게 털어놨습니다. 저는 이제 돌아가 원고를 보고 새벽 4시에 일어나야겠죠. 그럼에도 이 자리에 온 건, 저와 비슷한 어려움에 직면하셨거나 앞으로 직면하실 분들의 손을 잡고 싶어서였어요. 여러분, 엄청 힘들죠? 앞으로도 힘드실 거예요.(웃음) 그럴 때 좌절하지 않고 '아, 그때 김현정도 되게 힘들다고 그랬어. 근데 좌절하지 말라고 했어. 가보자' 하고 떠올릴 수 있는 자리였으면 좋겠습니다. 여기 오신 분들은 정말 다 잘해내실 수 있는 동지들이라고 생각해요. 고맙습니다.(박수)

박 오늘 '개척'이라는 주제로 김현정 PD님을 모시고 말씀 나눴는데요. 개척자가 선뜻 손을 잡아 주신다고 하니 힘이 되는 것 같습니다. 오늘 긴 시간 함께해 주셔서 감사드리고, 진솔한 이야기 함께 나눠 주신 김현정 PD님께 다시 한 번 박수 부탁드립니다.(박수)

장영화

스스로 설계하는
나의 일

식품 영양학과를 졸업했으나 우연히 만나게 된 법학과의 인연으로 법대로 다시 진학했다. 가까스로 사법 시험에 합격해 변호사로 사회생활을 시작하게 되었지만, 법률 서비스의 문턱을 낮춰 보겠다는 생각으로 창업에 나섰다. 그러나 첫 번째 창업에서 이상과 현실 간의 엄청난 차이를 깨달으며 실패의 경험을 한 뒤 지금은 교육 스타트업 OEC(open entrepreneur center)를 창업해 운영하고 있다.

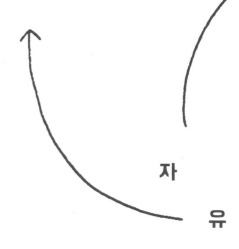

자

유

박태근(이하 박) 안녕하세요, 오늘도 함께해 주신 여러분 반갑습니다. 오늘의 테마는 '자유'입니다. 우리가 나눴던 주제 가운데 가장 풍요로운 느낌을 주는 단어가 아닐까 싶은데요, 오늘은 OEC의 장영화 대표님을 모시고 '스스로 설계하는 나의 일'이라는 주제로 이야기 나누겠습니다. 장영화 대표님께 강의를 들은 다음엔 지난번처럼 질의응답과 청중과의 대화 나누도록 하겠습니다. 그럼 장영화 대표님을 박수로 모시겠습니다.(박수)

장영화(이하 장) 안녕하세요, 반갑습니다. 방금 소개받은 장영화입니다. 제 명함에 쓰여 있기도 하지만 원래 제가 다른 데 강의를 가면 '씨앗 보부상'이라는 단어를 써서 설명을 해요. 그게 뭔가 싶으시죠? 사전에 없는 말이고 제가 만든 단어인데, 사실 이걸 설명하려면 제 일의 역사를 좀 설명드려야 합니다.

식품 영양학과 학생에서 변호사가 되기까지

제가 공부를 시작한 것부터 지금의 상황까지를 그림으로 그려 보면 갈지자예요, 갈지자. 원래 이과생이었고 처음 대학에 입학했을 때는 식품 영양학과로 들어갔지만 전공 공부는 하나도 재미없었어요. 주변에 공부 잘하는 친구들이 너무 많았거든요. 그런 우수한 친구들의 리포트를 베껴가며 우스운 성적으로 졸업을 했고요.(웃음) 당연히 그냥 취직해야겠다고 생각하던 학생이었어요. 오늘 참석한 분들 중에 대학생도 계실 텐데요, 저는 그냥 막연한 자신감으로 '학교 성적은 별로지만 취직하면 분명히 일 잘할 거야' 이런 생각을 하고 있었어요. 그러던 차에 우연히 친구가 권해서 법학 수업을 듣다가 거기서 운명적인 만남을 갖게 됐죠. 저는 공부라는 것과는 담을 쌓은 사람인 줄 알았는데, 사실은 좋아하는 것에는 꽂혀서 엄청 열심히 하고 그렇지 않은 것은 등한시하는 사람이었더라고요. 예술가들에게 이런 기질이 많대요. 이렇게 우연히 4학년 여름 학기에 법학을 만나게 되었고요, 그때 폭발적으로 빠져들어 사법 시험을 준비하게 되었습니다.

제가 대학 다니면서 학과 공부는 열심히 안 했지만, 여러 다양한 활동을 했어요. 동아리 활동도 여럿 했었고, 심지어 수업도 전공은 졸업에 필요한 최소 학점만 듣고 나머지는 다양한 강의를 들었어요. 연극 미학 수업을 수강하며 연극도 해보고 인간문화재를 찾아다니기도 하고…… 그렇게 다양한 경험을 쌓는 데 나름 비중을 두었던 거예요. 사실 지금 저희 회사는 원하는 인재상을 설명할 때 참고 사항으로 "학점이 좋지 않을 것"이라고 덧붙여 놔요. 대표가 그런 이력이 있기 때문이기도 하지만 저희 창업자들도 다들 동의한 조건이에요. '성적'만 바라보며 울타리 안에서 살아온 사람, 이런 사람을 원하는 곳도 많죠. 하지만 우리는 무언가에 꽂혀 열정적으로 살아 본 경험이 있는 사람을 좋아한다는 걸 그런 식으로 표현한 거예요.

어쨌든 저는 법학과의 운명적인 만남을 통해서 '아, 법학이 내가 관심을 두었던 사회와 사람에 대한 관심을 일로써 풀어낼 수 있는 분야구나'라는 걸 처음 깨닫게 된 거예요. 다만 조직 생활을 통해 일해야 하는 판사나 검사는 저와 맞지 않을 것 같아 처음부터 가위표를 그었고, 변호사로서의 미래를 꿈꿨어요. 그렇게 사법 시험을 준비하게 됐고, 시험을 준비하면서 기왕이면 학위를 따두는 것도 좋을 것 같아 법대에 편입해서 들어가 석사 과정까지 밟으면서 공부하게 되었습니다.

자격증은 아무것도 아니다

사법 시험은 붙고 떨어지길 반복하다가 5년쯤 지났을 무렵 더 이상 못하겠다는 생각이 들 때쯤, 1차와 2차를 동시에 붙어 합격하게 되었어요. 그런데 변호사를 해보니까 또 알겠는 거예요. 제 속에 있는 욕망이 무엇이었냐면, 저는 남들이 잘 하지 않는 일, 나만 할 수 있는 일을 하고 싶었어요. 세상이 꼭 필요로 하지만 누구나 하는 그런 일이 아닌, 나만 할 수 있는 일. 하지만 '그 일'이 무엇인지 찾기 위해 수많은 시행착오를 경험해야만 했죠.

'그 일'을 찾기 위해 첫 번째로 했던 일은, '조금은 다른 변호사'가 되어보자는 시도였습니다. 다른 변호사들처럼 법정을 왔다 갔다 하면서 하는 일은 내가 아니어도 할 수 있는 사람들이 많으니, 그것과는 조금 다른 변호사가 되고 싶었던 거죠. 창업 세계에 문외한이었던 저의 첫 창업은 법률 사무소 겸 북 카페였어요. (화면을 가리키며) 이게 제가 법률 사무소 겸 북 카페를 만들겠다면서 걸었던 간판이에요. '남과 달라야 한다'는 생각에 예술가들의 도움을 받아 전각으로 글씨를 새겨 간판을 만드느라 3백만 원 이상을 지출했죠.(웃음) 창업을 이런 식으로 하면 절대 안 된다는 사실을 알려 드리려고 창피를 무릅쓰고 꺼낸 시행착오의 기억이에요. 비즈니스의 본질보다는 외양을 꾸미는 데더 많은 노력을 기울이던 저의 첫 창업 시도는 당연하게도 불과 6개월 만에 끝났습니다.

그래서 다시 직장으로, 로펌으로 돌아가 변호사로서 살아 보기도 했는데, 안 되더라고요. 저는 단 하루를 살아도 제가 행복하다고 느끼지 않는 삶의 형태는 거부하는 DNA를 갖고 있는 사람이었어요. 그래서 결국 두 번째 창업을 하게 되었고, 그게 바로 지금 운영하고 있는 교육 스타트업 OEC입니다.

사실, OEC 창업은 갑자기 하늘에서 뚝 떨어진 게 아니라 제가 살아온 과정과 연결되어 있어요. 저는 전형적인 모범생이었습니다. 고생하시는 부모님께 조금이라도 보답하고 싶었고, 남들보다 더 잘하고 싶어서 열심히 공부했고, 좋은 대학에 가면 마치 모든 것이 다 해결될 거라고 들으며 자랐어요. 그래서 서울대학교에 들어가게 되었고, 비록 전공 공부에 흥미를 갖진 못했지만 우연한 기회에 법학과 만나 변호사라는 타이틀까지 얻게 되었죠. 지금도 변호사라는 직업은 의미 있다고 생각해요. 우리 부모님들이 기대하시는 만큼의, 일반적으로 통용되는 일종의 기득권, 이걸 내려놓는다면 변호사로서 할 수 있는 일, 숭고한 일들이 아주 많아요. 그렇지 않고 경제적 기득권에 매여 있다면, 저로서는 그다지 추천하고 싶지 않은 직업이지만요.

어쨌든 뭔가 통념적으로 말하는 지표들을 다 달성했지만, 서울대 졸업장이든 변호사든 스스로 먹고살 수 있어야 의미 있는 일을 할 수 있어요. 사실 뚜껑 열고 보면 변호사든 의사든 자격증이 있는 자영업자죠. 자격증을 따기 위한 공부는 어떻게 어떻게 하게 되었는데, 내가 그 자격증을 가지고 다른 사람들에게 충분한 가치를 주어야만 그러한 가치를 통해 지속 가능한 수입을 얻는다는 사실에 대해서는 삶의 현장에서 아무도 알려 주지 않았어요. 서울대 졸업장이든, 변호사 자격증이든 스스로 지속 가능한 삶을 살아가기 위해서는, 결국 맨땅에서 다시 시작해야겠더라고요. 제가 매달 지인들과 함께 운영하는 여성 창업가 모임이 있어요. 어제도 그 모임이 있었는데요, 한국예술종합학교를 나온 친구, 미술을 전공한 친구들이 한탄 섞인 목소리로 그러더라고요. 대학을 다닐 때 교수님들이 한 번도 어떻게 먹고살지에 대해서는 알려 주지 않으셨다는 거죠. 대학 문을 나서서야 고민해야 하는 지금의 상황이 너무나 괴롭다고요. 그건 의사나 변호사도 마찬가지거든요. 현실을 살펴보면 강남에서 가장 많이 파산하는 직업이 의사예요. 변호사는 개업하거나 운영하는 데 큰돈이 들지 않으니 파산 비율이 낮긴 해도, 법조 비리 뉴스가 끊이지 않는 현실이 이를 드러낸다고 생각해요. 전문직 자격증을 따기 위해 엄청난 노력을 하지만, 그 자격증으로 어떤 가치를 만들어 세상에 기여하고 나의 존엄한 생활을 지속시킬 수 있는지에 대해서는 아무도 가르쳐 주지 않는 거죠. 이미 세상이 바뀌어서 전문직 자격증을 얻었다 해도 생존이 보장되지 않는 상황인데 말예요.

창업은 사업이 아닌 삶의 방식

제가 이 자리에서 "이렇게 하면 돈을 많이 법니다" 같은 이야기를 하려는 건 아니고요, 나의 삶이 지속 가능한 구조를 갖추려면 어떻게 해야 하는지, 어렸을 때부터 한 번도 그런 것들에 대해 배워 보지 못한 게 지금 시대에 얼마나 큰 문제가 되는지 이야기하고 싶어요. 사실 이러한 문제의식을 토대로 만든 회사가 오픈 엔터프리너 센터(open entrepreneur center), 즉 OEC입니다. OEC를 거꾸로 하면

CEO잖아요. 저는 우리 미래 세대들이 누구나 '내 인생의 CEO'로 살았으면 좋겠어요. 여기 결혼하신 분들도 계실 텐데, 결혼해 보면 알잖아요. 한 달 수입이 얼마고 지출이 얼마인데, 그 안에서 지속 가능한 구조를 만들어야 하잖아요. 우리는 회사의 CEO가 아니더라도 가정의 CEO고, 그건 결혼을 하지 않았더라도 마찬가지죠. 그런데 어떤 일을 해서 생활을 유지할 수입을 얻을지, 지속 가능한 삶을 관리하는 능력에 대해서는 다들 제대로 훈련받지 못한 채 사회생활을 시작하는 거예요. 기업이든 개인이든 스스로 만들어 낸 가치를 통해서 그에 합당한 수입을 얻고 안정적인 삶을 영위하는 것, 가치 창조적으로 살아가는 것, 이를 위한 훈련이 정말 필요하다는 거죠. 이것이 어릴 때부터 이루어지면 좋겠다 싶어서 만든 회사가 OEC였습니다. 그래서 저희의 대상은 청소년과 청년이에요. 아직 사회생활을 시작하지 않은 예비 사회인들이죠. 청소년들에게는 기업가 정신을 갖춘 인재가 될 수 있도록, 스타트업 세계를 접하고 문제를 해결하는 인재로 성장할 수 있도록 하는 프로그램을 공교육 현장에 제공하고 있어요. 청년들의 경우에는, 모두가 창업을 할 수는 없으니 스타트업에서 일해 볼 수 있도록 연결해 주는 일을 통해 지속 가능한 가치 창조자로 살아갈 수 있도록 돕고 있지요.

저희가 혁신하고 싶은 사회 문제는 고비용 저효율의 대한민국 교육 제도, 그중에서도 '배운 것 따로, 하는 것 따로'인 현실이에요. 원래 제가 식품 영양학과 나왔다고 했잖아요. 동기가 마흔 명이었는데 남학생 한 명에 여학생이 서른아홉, 그중에서 전공을 살려 일하는 친구들은 다섯 명 안팎이에요. 굳이 제가 더 언급하지 않더라도, 대학에서 배운 전공을 살려 일하는 사람들이 희소한 것이 우리나라의 상황이고, 그에 앞서 70퍼센트 이상의 고등학교 졸업자들이 대학에 진학하는 현실이 엄청난 비효율을 유발하고 있죠. 얼마 전에 있었던 '알파고 대국'을 통해서 AI 시대가 껑충 다가왔다는 사실을 많은 분들이 실감하실 거예요. 여기 아이들을 키우는 어머님들도 계실 텐데요, 이런 새로운 시대가 펼쳐지는 상황에서 그럼 우리 아이들을 어떻게 키울 거냐고 묻는다면 제 생각은 이래요. 옛날처럼 앞 글자 따서 각 지역 특산물을 외우는 주입식 경쟁 교육에 시간과 비용을 낭비할 필요는 없다는 생각이 들고요, 그 시간과 노력을 생활 창조력을 키우는 데 쏟는 게 더 맞다고요.

창업이 꼭 사업자 등록을 내고 회사 대표가 되는 걸 의미하는 건 아니에요. 저에게 있어 창업은 가치를 창조하며 주도적으로 살아가는 삶의 방식입니다. 간혹 세상이 칭하는 스펙이 화려한 분들이 저희 회사에 합류하고 싶다고 연락해 오시는데, 그분들을 만나 본 뒤 거절하는 가장 큰 이유는 바로 그분들이 '훌륭한 직장인'이어서예요. 시키는 일은 엄청 잘할 것 같지만 주도적으로 새로운 기회를 찾아내고 창조할 수 있는 사람으로 보이지 않았거든요. 큰 기업에는 훌륭한 직장인이 필요하지만, 저희처럼 작은 기업에서는 모두가 창업자가 되어 뛰어야 하니까요.

물론 모두가 창업을 할 필요는 없어요. 그럼에도 전 우리 모두가 창업가처럼 살아가야 하는 시대가 왔다고 생각해요. 기술의 발전으로 하루가 다르게 변화하고, 직장에 기대어 살 수 있는 시간이 훨씬 줄었잖아요. 그렇다면 스스로 기회를 감지하고, 과감하게 도전하고, 나름의 해법을 찾아 홀로 서야 해요. 오늘 이 자리에도 창업가로 살아가시는 분들이 계실 텐데요, 창업가가 딱 이렇게 살아가고 있거든요. 끊임없이 기회를 찾고, 날마다 문제에 부딪쳐 최선의 해결책을 찾고, 결국 그 문제를 하나씩 해결하며 살아가는 거죠.

제가 스타트업 쪽에서 만나는 친구들은 취업이냐 창업이냐를 선택의 문제로 보지 않고 그 경계를 넘나들며 살아가요. 이렇게 취업과 창업이라는 것이 완전히 다른 선택지가 아니라 서로 연결되는, 내 일을 창조하는 하나의 과정이라는 이야기를 드릴 수 있을 것 같습니다. 사실 제 이력을 소개할 때 갈지자 행보라고 말씀드리긴 했지만, 돌아보면 모두 다 연결되는 부분이 있거든요. 제 변호사 자격증도 일종의 '장롱면허'지만 유용한 면이 있어요. 회사 일을 하면서 선생님이나 공무원을 많이 만나는데, 변호사 자격증이 '저 나쁜 사람 아니에요, 공부를 못하지는 않았어요'라는 인상을 준다는 점에서 유용하거든요. 자격증을 남들과 같은 용도로 사용하지는 않지만 이렇게 창의적으로(웃음) 사용할 수도 있는 거고요, 이게 저만의 답인 거예요. 이렇게 갈지자 행보를 그리며 살아오는 동안 친구들에게 가장 많이 들었던 질문이 "영화야, 요즘은 뭐해?"였어요. 계속 명함이 바뀌니까. 사실 전 어렸을 때 충분히 다양한 시도를 해보지 못해서 뒤늦게 시도하게 되었지만, 저에 비해 아직 경쟁력이 있는 20대라면 최대한 다양한 시도를 하셨으면 좋겠어요. 40대 이전이라면, 통장에 현금 잔고를 쌓는 것보다 경험 잔고를 쌓는 게 훨씬 더 중요하다는 말씀을 드리고 싶고요.

일과 가정의 양립

여자로서의 이야기를 좀 드리자면, 저 역시 그냥 일을 하는 게 아니라 여성으로서, 엄마로서 일을 하고 있습니다. 저는 대학교 1학년 때 남편을 만났어요. 너무 일찍 만나서 지금 벌써 연애 기간 포함 25년째죠.(웃음) 그리고 딸아이가 하나 있고요.

창업가로 살아가는 것의 최대 장점은 제 상황에 맞게 시간을 활용할 수 있다는 점이에요. 저는 오후 5시쯤이면 퇴근해서 집에 돌아가 딸아이와 함께 저녁 식사를 합니다. 그리고 아이가 숙제를 하거나 공부하는 동안 곁에서 밀린 일을 처리하죠. 아이와 저녁 시간을 함께 보내는 걸 중요하게 생각하기 때문에, 이렇게 외부 일정을 잡아 저녁때 나와 있는 게 한 달에 몇 번 안 돼요.

제 왕성한 활동력을 아는 사람들은 아마도 제가 매일 저녁 일정이 있을 거라고 생각할 거예요. 저도 사실 일 욕심이 많아서 아이가 세 살 되기 전까지는 직접 돌보지 않고 시부모님께 맡겼어요. 그런데 지나고 보니까 후회되더라고요. 그때는 일을 빨리 배우고 유능한 변호사가 되는 게 가장 중요한 일이라고 생각했는데 뒤늦게야 알게 되었어요, 아이가 저에게 얼마나 큰 가르침을 주는지. 제가 그 시간을 아이에게 할애한다고 해서 직업적인 성취를 일구는 데 절대 마이너스가 안 된다는 것, 오히려 함께 성장하는 거라는 사실을 뒤늦게 깨달은 거죠. 아이가 이제 초등학교 6학년인데 점점 엄마랑 있는 시간보다 친구랑 있는 시간을 좋아하는 시기가 오고 있어서 아쉬워요. 이제 정말 저를 필요로 하는 시간이 몇 년 안 남았다고 생각하게 되는데, 나를 원할 때까지는 최대한 같이 있으려고 노력하고 있습니다.

그리고 또 하나, 제가 이렇게 행복하게 일과 가정을 양립하고 살아갈 수 있는 또 하나의 방법이 있습니다. 좋아하는 취미 생활에 시간을 할애하는 거죠. 저에게는 그게 테니스입니다. 주말에, 주중에도 시간이 날 때마다 테니스를 쳐요. 좋아하는 운동이나 활동이 있으면 그것이 삶에 활력을 더해 준다는 조언을 건네고 싶어요. (박수)

박 말씀 잘 들었습니다. 이어지는 순서는 여기 계신 분들이 오픈테이블에서 전해 주신 질문들을 제가 대신 여쭤보는 시간인데요, 아무래도 오늘은 '창업'이 주요한 키워드이다 보니까 그와 관련한 질문들이 많이 나왔습니다. 그 질문들로 먼저 시작해 볼게요.

첫 번째 질문은 이것입니다. 한국 사회가 굉장히 닫힌 구조라서 우리는 대개 뭘 하고 싶은지 고민 없이 주어진 대로 살아간다는 거죠. 그러다가 나이가 다 들어서 자의 반 타의 반으로 조직에서 쫓겨나거나 자발적으로 나오는 일이 생기면, 그때서야 본격적으로 창업을 고민하곤 합니다. 이렇게 뭔가 좋지 않은 상황에서 창업을 고민하게 되는 사람들에게 조언을 들려주었으면 좋겠다는 의견이 있었습니다.

장 그래서 더더욱 취미가 됐든, 과외 활동이 좀 있었으면 좋겠다는 생각이 들어요. 소개하고 싶은 사례가 있는데요, 혹시 광명 쪽에 사시는 분 계세요? (한 명 손을 듦) 혹시 베이글만 전문적으로 파는 빵집 아세요? (손을 든 청중: "아니요.") 광명도 넓긴 해요.(웃음) 광명에서 베이글을 파는 빵집을 운영하는 친구가 제 후배예요. 그 후배가 회사를 다니던 시절이었는데, 남자 친구랑 헤어져 주말이 너무 길어졌대요. 공감하시는 분 몇 분 계시는데,(웃음) 주말을 매번 누군가와 같이 보내다가 그 사람이 없어지면 시간이 갑자기 많아지잖아요. 그 시간을 잘 보내기 위해서 그 친구는 자기가 좋아하던 빵을 배우기 시작한 거예요. 원래는 빵을 먹으러만 다녔지 만들 줄은 몰랐거든요. 집중 클래스에 등록해 하루 여덟 시간씩 수강하면서 빵을 본격적으로 만들기 시작했어요. 그다음엔 그냥 만드는 데서 그치지 않고, 이걸로 뭔가 해볼 수도 있지 않을까 생각한 거죠. 그런데 저처럼 무식하게 준비 없이 3백만 원짜리 간판 만들고(웃음) 그러는 대신 이 친구는 아주 현명했어요. 자기가 다니던 회사에서 사내 판매를 해본 거예요. 자기가 만든 빵으로, 실제로 가격을 매겨서. 회사 직원들 연령대가 높지 않아 본인의 타깃 고객으로 적당했거든요. 시범 판매에서 반응이 좋아 자신감을 얻었죠. 창업을 한번 해봐야겠다고 생각했을 때 통장에 4천만 원이 있었대요. 4천만 원을 모두 써서 실패해 버리면 앞이 너무 캄캄하니까, 2천만 원만 쓰기로 하고 창업을 준비한 거예요. 그 친구는 첫 매장을 홍대 쪽에 냈어요. 2천만 원으로 가능할까요? 힘들 것 같죠? 창업가들은 이가 없으면 잇몸으로 씹는 사람들이라 제가 좋아하는데요, 이 친구가 어떻게 했느냐. 홍대에 크루아상으로 되게 유명한 빵집이 있어요. 이 친구는 그 빵집 사장님에게 부탁해서 한 귀퉁이를 빌렸어요. 귀퉁이에 빵 굽는 기계 하나 놓고, 매대 하나 놓고 땡. 그렇게 해서 2천만 원으로 창업을 시작했고요. 마케팅 쪽에서 일했던 경험을 살려 온라인 마케팅을 열심히 했죠. 고객이 한 분 오면 고객이라는 관계에서 시작해서 친구가 될 정도로 열심히 소통해서 팬을 만들어 간 거죠. 여기에 더해, '일타쌍피'라잖아요, 크루아상 사러 왔는데 베이글이 있으니 베이글도 사고……. 그렇게 현명하게 저비용 고효율의 마케팅 구조를 세팅한 거예요. 시작한 지 불과 1년 만에 독립해서 광명에 매장을 냈고, 그다음 해에는 본인의 가게 뒤에 있는 분식집까지 임대해서 매장을 키웠어요. '빵순이 빵돌이들이 뽑은 서울 경기 지역 맛있는 빵집 10곳' 이런 데 뽑힐 정도로 이름을 얻게 되었죠.

'당장 그만두고 내가 좋아하는 일로 창업해야지'가 아니고요, 내가 좋아하는 일을 하나 챙겨 놓고 꾸준히 키워 가면 좋을 것 같아요. 그러면 삶도 건강해지고 나중에 창업을 할 수도 있는 거죠. 내가 지금 하는 일을 잘해야 다른 일도 잘할 수 있으니 현재의 일에 최선을 다하는 게 중요한 건 물론이고요. 지금 맡은 일은 열심히 하되, 여가 시간을 활용해 할 수 있는 일을 자꾸 시도해 보는 과정이 필요한 것 같습니다.

박 대표님, 그런데 이런 이야기를 들으면 저희 같은 사람들은 두 가지 생각에 빠집니다. 하나는 '역시 창업은 저런 사람들이 하는 것인가, 수완이 좋다' 이런 생각을 하는 분들이 계실 거고요, 또 한편으로는 '그렇지, 나도 이제 성공의 길로 들어설 수 있을 거야' 이렇게 용기를 얻는 분들이 계실 텐데요. 앞쪽 주저하시는 분들에게 용기를 주는 말, 뒤쪽 너무 급하게 혹하시는 분들에게는 신중한 마음을 심어 주는 말, 이런 조언도 들려주시면 좋겠어요.

장 사실 말씀대로 소위 '깃발 드는' 스타일들이 좀 있어요. 스스로 판단을 좀 해봐야 합니다. 내가 깃발 드는 스타일인지, 아니면 깃발 드는 사람 옆에서 함께하며 행복을 느끼는 사람인지. 제 주변에 IT 창업을 했던 사람들이 많은데요, 개중에는 '친구 따라 강남 간' 사람들도 있어요. 깃발은 안 들었지만 옆에 있다가 되게 잘 풀린 케이스인데, 말하자면 친구를 잘 사귄 거죠.(웃음) 내가 어떤 스타일인지 잘 파악해서 묻어가는 것도 중요해요. 물론 약간의 용기는 필요하죠. 예를 들어 그 친구만 해도 그냥 쉽게 묻어갔다기보다는, 대기업이나 소위 안정적이라는 연구소 같은 곳에 갈 수 있었는데도 어쨌든 벤처를 한다는 친구의 손을 잡은 거니까요. 이렇게 '내가 깃발 들 스타일은 아니지만 이 친구가 있으니 같이 뭘 해봐도 괜찮겠다' 하고 선택할 수도 있어요.

제가 젊은 친구들한테 스타트업, 창업의 세계를 경험해보라고 하는 건, 짧은 시간 동안 성장할 수 있는 좋은 기회이기 때문이에요. 요즘 회사들은 점점 신입을 안 뽑잖아요. 그러니 대학생 때부터 최대한 많은 경험들을 해볼 필요가 있어요. 그래야 내가 깃발을 들 사람인지, 아니면 깃발 옆에 함께 서줄 사람인지 판단할 수도 있고요.

저도 실수 많이 했어요. 앞서 베이글 빵집 이야기를 했었죠. 그렇게 작게, 위험을 낮춰서, 테스트해 가며 단계별로 나아가야 되는데, 저는 제가 시작만 하면 덜커덕 잘될 줄 안 거예요. 절대 아니죠. 6개월을 반성하며 보냈습니다. 창업가들의 커뮤니티 안에서 계속 주위를 살피며 작게라도 테스트를 해볼 필요가 있어요. 테스트하는 과정에서 뜻이 맞는 사람들을 만나면 더더욱 좋고요.

> ^박 창업에 도전했을 때 차례대로 밟아야 하는 단계들이 있잖아요. 그 단계마다 어려움도 있을 테고 기쁨도 있을 텐데요. 물론 기쁨이야 걱정할 일이 아니겠지만, 어려움이 올 때 '이건 접어야 하는 것인가, 아니면 통과 의례니까 감내하고 견디어 내야 될 것인가' 판단을 내리기가 어려울 것 같거든요. 그럴 때 어떤 기준을 가지고 고민할 수 있을까요?

^장 기준은 사람들마다 다 다를 것 같은데요, 누가 끝까지 남는지 보면 '해야 할 이유'가 있는 사람인 것 같아요. 돈이 많거나 여건이 되거나 좋은 대학 나왔거나, 이런 게 중요한 게 아니더라고요. 스스로 이걸 해야 할 이유가 분명한 사람들이 끝까지 가요. 그래서 방법도 찾아 가고요. 저

도 OEC라는 브랜드를 써온 지 7년째지만, 뚜껑을 열어 보면 지금이 두 번째 법인이에요. 첫 번째 법인은 가방끈 긴 세 사람이 모여서 '당연히 이런 건 해야지' 하는 생각으로 시작했어요. 의욕만 있고 창업 경험은 하나도 없는, 거기에 개성이 강한 세 명이 모여서 삐걱거렸죠.(웃음) 인간적으로는 모두 다 훌륭한 사람들인데 이인삼각 경기를 뛰는 것처럼 계속 삐거덕거렸어요. 고생만 하다가 첫 번째 창업 동료들이 하나둘 떠났고, 끝까지 남았던 제가 일을 하면서 만났던 사람들과 팀을 구성해 다시 시작했어요.

그동안 일을 해오며 나한테 부족한 점들을 알게 됐는데요, 저는 깃발 들고 달리는 사람이에요. 한참 달렸는데 뒤에 아무도 없는 그런 스타일. 하고 싶은 게 너무 많은 사람이죠.(웃음) 지금 함께 일하는 공동 창업자들은 제가 하는 걸 다 잘라 내는 사람들, 생각을 유형물로 만들어 내는 사람들이에요. 저랑은 맨날 싸우죠. 싸우지만 싸워야 우리가 앞으로 간다는 것, 지속 가능하다는 걸 알거든요. 오늘도 오전에 치열하게 회의를 하고 나서 "우리 격하게 싸우더라도 미워하지는 말자"며 서로 웃었어요.

제가 법률 사무소 겸 북 카페의 꿈을 접고 두 번째 창업을 할 수 있었던 건 훌륭한 투자자를 만나서였는데요, 3년쯤 하다 보니 그분이 "이 일은 국가나 재단이 할 수 있는 일이지, 기업 방식으로 해결할 수 있는 문제가 아닌 것 같다"며 사업을 접을 것을 권하셨죠.(웃음) 더불어 더 이상 이 사업에 투자하지 않겠다는 최종 통보를 보내셨어요. 그 메일, 캡처해 놨어야 했는데.(웃음) 메일을 받고 나니 오히려 더 잘해 내야겠다는 생각이 들더라고요. 그런데, 실제로는 그분 말씀이 맞아요. 저만 믿고 더 좋은 선택지를 버리고 온 친구들이 지치지 않을 수 있는 환경을 만들어야 되잖아요. 그래서 1년만 더 버텨서 안 되면 그만두자고 결심했어요. 셀프펀딩으로 증자하고 1년 동안 시도해서 안 되면 끝, 종지부를 찍겠다 마음먹었죠. 근데 왜, 꼭 이럴 때 되잖아요.(웃음) 돼버린 거예요. 결국 해야 할 이유, 욕심, 내가 뭔가 만들어 내겠다는 의지, 이런 것들이 필요하지 않나 싶습니다.

박 해야 할 여러 가지 이유들 중 끄트머리는 아니겠지만 돈을 벌어야 한다는 것도 있을 텐데요, 이런 말씀을 주신 분이 있었어요. 자유롭게 창업하고 자신의 일을 설계하는 것의 가치에는 충분히 공감하지만, 결국 경제적인 이윤을 낼 수 있느냐의 문제에 봉착하게 된다는 거죠. 자유롭게 일하면서도 수익이 나는 창업, 가장 고민되는 지점이잖아요. 방금 전에 투자자 말씀도 하셨다시피요.

장 맞아요. 창업이라는 건 스스로 분투하는 거예요. 그리고 돈을 번다는 건 치열한 작업이 그 밑에 있다는 뜻이거든요. 사회적으로 가치가 있는 일을 하겠다며 OEC를 설립하긴 했지만 착함, 선함, 이런 걸 전면에 지나치게 내세우면 저도 걱정이 되기 시작해요. 사실 사람들은 필요해야 돈을 내거든요. 스스로 지속 가능한 수익 구조를 만든다는 것이 중요하고, 특히 지치지 않고 목표를 이루기 위해서는 더 중요한 것 같아요.

"그럼 너희 회사는 충분히 먹고살 만하냐"라고 물으신다면? 부유하진 않지만 부족하지도 않다고, 더 만족하기 위해 노력하고 있다고 말씀드릴 수 있을 거예요. 저희 회사의 경우, 사업 아이템 자체가 S자 성장 곡선을 그린다거나, 상장을 한다거나, 해외로 진출한다거나 하는 종류가 아니죠. 그럼에도 불구하고 만족할 만한 지점을 찾는 겁니다. 빠르게 성장하는 기업도 때마다 한계에 부딪쳐요. 저희 회사도 직원이 계속 늘어나고는 있지만, 지금까지는 공동 창업자들이 최대의 효과를 내기 위해 모든 일을 내부에서 맡아 하며 유지하려고 노력해 왔습니다. 적은 인원으로 최대한 커버하되 지치지 않을 정도의 수익을 가져갈 수 있는 구조를 만들려고 했죠. 그리고 저희가 하는 일이, 밖에서 보기에도 정말 돈이 안 될 것 같잖아요.(웃음) 그래서 사람들이 이 분야에 잘 안 들어와요. 결국 저희를 대신할 사람들이 별로 없는 시장에서 끊임없이 노력하며 살아가는 거죠.

사실 가치는 여러 가지가 있잖아요. 당장 우리 집에 쌀이 없는데 꿈과 이상을 좇아 무급으로 뭘 하겠다는 것은 가족을 위해서건, 나를 위해서건 바람직하지 않다고 생각해요. 자기의 상황을 스스로 판단해서 어떤 가치를 좇겠는가를 결정해야겠죠. 어떤 가치를 만드느냐에 따라서 먹고사는 것에도 영향을 미치는 거예요. 세상이 필요로 하는 가치를 만들 수 있으면 어쨌든 일이 계속 생기는 거죠. 쉰 살 전까지 나만 할 수 있는 일을 확실히 만들어 놓는다면, 그다음은 현금 잔고도 함께 채워진다고 전 믿어요. 뭐, 대단한 돈을 벌겠다는 욕심이 없어서인지는 모르겠지만.(웃음)

박 창업과 관련한 말씀들을 집중적으로 다뤄 봤고요, 이어서 이 대담에서 늘 화두가 되었던 '일과 가정의 양립'에 대한 질문입니다. '양립'이 너무나 부담스러운 표현이긴 한데…… 이런 내용이 있네요. "나이 드는 것이 남성에게는 강점이 되는 반면에 여성에게는 약점이 되는 경우가 많은 것 같다. 결혼 전의 젊은 여성과 결혼 후 아이를 기르고 사회로 다시 나온 여성에게 주어진 일자리라는 게 아예 구분되어 있기도 하다." 여기서 '일자리'를 '창업'으로 바꿔 볼 수도 있을 것 같은데, 실제로도 그런 느낌을 받으시나요? 결혼 전의 여성이 도전하고 할 수 있는 영역, 가정에서 육아나 전업주부로 일을 하다가 다시 사회로 진출했을 때 제약을 받는 부분들, 그런 것들이 창업 세계에서도 많이 존재하는지요?

장 창업 세계에서는 그런 점이 오히려 장점으로 작용할 수 있어요. 예를 들어 일과 가정의 양립이 불가능해서 직장을 그만뒀다가 아이를 키우며 생기는 본인의 문제를 해결하기 위해 창업을 하는 경우죠. 애를 키우다가 '어머, 애들이 볼 콘텐츠가 이렇게 없어? 계속 블로그를 검색해 보니 좋은 정보만 모아 제공해 주는 곳이 있었으면 좋겠다는 생각이 드네' 이렇게 해서 사업을 시작하는 겁니다.

이런 분도 있어요. 디자이너였는데, 애를 키우다 보니까 마음에 드는 애들 옷이 별로 없는 거예요. 내가 한번 만들어 보자 싶어 창업을 하셨어요. 자기가 겪어야 하는 상황을 손해라고 해석하기보다는 기회로 여길 수도 있는 거죠. 경험한 분들은 아시겠지만 애를 키워 봤다는 것과 키워 보지 않았다는 것은 너무나 다르거든요.

상황을 기회의 프리즘으로 보느냐, 한계의 프리즘으로 보느냐의 차이가 있을 거라고 생각해요. 물론 대기업이나 정형화된 직장에서는 대개 일과 가정이 양립하기 어려운 환경인 게 사실이지만, 저처럼 큰 기업이 아니라 작은 기업의 창업은 일과 가정의 양립에 있어 좋은 해결책이 되기도 합니다.

박 이어지는 질문이 가사 노동 분담에 대한 이야기입

니다. 아까 강연에서도 오후 5시가 되면 아이와 함께 저녁이 있는 삶을 보낸다고 하셨는데, 그럼에도 직장 여성보다 사업을 하는 여성에게 오해가 더 많을 것 같아요. "당연히 가정에 소홀할 것이다, 뭔가 구멍이 있을 것이다" 그런 편견을 덧씌우기도 하잖아요.

장 오해가 아니라 사실인데요.(웃음) 저는 집안일을 잘 못합니다. 특히 청소는 정말 못해요. 그래서 제가 못하는 걸 돈으로 해결합니다. 남편이 같이 하도록 만들기 위해 에너지를 낭비하기보다는 다른 돈을 아껴서 아주머니의 도움을 빌리죠. 아주머니가 청소를 해결해 주시고 음식은 제가 해결을 해요. 훌륭하진 않지만 아쉬운 대로. 직장 생활을 계속 유지하려 한다면, 아끼려고 하기보다는 그걸 해결하기 위해서 돈을 써야 한다고 생각합니다. 계산을 하고 해결할 건 과감하게 돈을 들여 해결해야지, 삶의 질이 낮아지는 방향으로 가선 안 된다고 생각해요.

박 일과 가정의 양립에 대한 이야기가 너무나 명쾌하게 정리되었네요. 싸우지 않고 다른 방식으로 해결한다고 하셨는데, 남편분께서는 가사 분담을 못하시는 편인가요, 안 하시는 편인가요?(웃음)

장 결혼하신 분들은 알겠지만, 결혼이란 게 결국 나오는 정말 다른 사람과 함께 살아가는 거잖아요. 대학 시절부터 연애를 했는데, 하루는 자취방에 가보니 발 디딜 틈이 없더라고요. 엄마가 치워 주지 않으면 치우지 않는 사람이라 그런 상황이 그리 불편하지 않았던 거예요. 특별한 일이 생기지 않는 한 사람은 절대 안 바뀌잖아요. 하지만 제가 집을 치우라고 잔소리하지 않아도 될 만큼 엄청난 장점이 하나 있어요. 딸과 잘 놀아 주거든요. 아이가 어렸을 때 제가 기저귀를 산 적이 한 번도 없을 정도로 딸에게 지극정성이었어요. 심지어 천으로 된 아이 인형을 유아 세제로 손세탁하기도 했고요. 육아 문제, 아이와의 문제, 그 부분을 함께하는 것에 대해 충분히 감사하고, 기대할 수 없는 부분에 대해서는 그냥 접는 거죠.

박 저희는 그분하고 많은 시간을 보내지 않는 사람들이니 한두 가지 아름다운 이야기만으로 뒤쪽의 그늘은 사라지는군요. (웃음)

준비된 질문은 이 정도로 마무리하고 오늘은 청중들께 많은 시간을 드리려고 하는데요, 궁금하신 점을 질문해 주시면 되겠습니다. 손을 들어 주시면 마이크 전해 드릴게요.

청중 1 안녕하세요. 말씀해 주신 것이 저의 지금 상황과 너무 관련되어 있어서 정말 잘 들었습니다. 저는 작년에 대학을 졸업하고 아르바이트생으로 일하면서 하고 싶은 것들을 찾아 방황하고 있어요. 그런 상황에서 창업도 생각해 봤지만, 제가 경험이나 능력이 부족한 것 같아 갈피를 못 잡고 있는 상태고요.

저는 대학에서 다큐멘터리 사진을 전공했습니다. 사진과 1백 명 중에서 다섯 명밖에 선택하지 않는 다큐멘터리를 선택했는데, 기록하는 것이 굉장히 가치 있다고 생각하고 그게 잘 맞았기 때문에 좋았어요. 그런데 초반에 말씀하신 미술 하는 분들 이야기를 들을 때 너무 마음에 와 닿더라고요. 정말 대학을 졸업하고 나서 어떻게 살아야 하는지 아무도 안 알려 주는 거예요. 아, 눈물이 날 것 같은데……. 교수님도 부모님도 돈을 어떻게 벌어야 하는지에 대해서는 안 알려 주고…… 세상은 달라지고 있는데 어떻게 살아야 하는지 알려 주는 사람이 아무도 없으니까 너무 답답한 거예요. 사회에서 알려 주는 것은 "학교를 다녀, 대학에 가고 취직을 해, 결혼을 하고 애를 낳아" 이게 다죠. 저는 다른 삶을 살고 싶은데, 그런 방법에 대해서 알려 주는 사람이 없어요. 지금부터 어떻게든 찾아가려고 하지만, 솔직히 막막해요. 전공을 살려 관심 있는 주제와 관련한 창업을 해서 살고 싶은데, 과연 순수 예술과 관련한 창업 사례가 있는지 여쭤 보고 싶었어요.

장 선택을 해야 할 거예요. 예를 들면 여성 창업가 모임을 같이 운영하고 있는 친구 중 한 명이 원래는 미대에서 회화를 했고요, 대학 시절부터 예술가 커뮤니티를 만들어서 계속 운영하고 있었어요. 그러다가 브랜딩 회사를 창업했고요. 왜냐하면, 너무 짜증이 났대요. 월세 20만 원을 못 내서 쫓겨나는 예술가 친구들을 보면서, '왜 우리는 이렇게 살아야 할까' 싶었다는 거죠. 한 명 한 명이 너무나 훌륭한데, 이렇게 아름다운 미적 감각을 갖고 있고 한 단계만 바꾸면 훨훨 날 수 있는데, 아무도 하지 못하는 거예요. 자기라도 해봐야겠다면서 나선 거죠. 정말 훌륭하게 잘해 나가고 있어요.

이건 사람마다 좀 다르긴 한데요, 이렇게 현실에 짜증이 나면 지금의 영역에서 한 단계 벗어나 어떻게든 할 수 있는 방법을 시도해 봤으면 좋겠어요. 사진이라는 건 광고나 홍보 쪽에서 굉장히 쓸모 있는 아이템이거든요. 사소하더라도 내가 스스로에게 가치를 부여할 기회가 있을 거예요.

나는 이슬만 먹고 살면서라도 순수 작업만 하는 것이 좋다 싶다면, 그걸 해도 괜찮다고 생각해요. 물론 후원자가 있어야겠지만요. 든든한 남편이 있다거나 부모님이 계시다거나 작품을 구입해 주는 팬이 많다거나……. 그게 아니라면 현실과 타협을 해야 할 거예요. 나 스스로 내 삶을 지속 가능하게 만들 수 있는 방법을 찾아야 합니다. 내 재능이 어디에서 쓰일지 찾는 거죠.

박 질문하신 분께서 말씀하셨듯이 학교 졸업하고 취업하고 결혼하고 애 낳고, 이게 한때 정답이기도 했죠. 그게 무너진 상황 속에서도 같은 정답을 강요하는 현실에서 우리가 살고 있는데, 그래서 대표님이 하고 계신 창업 교육이 더 의미 있는 것 아닌가 하는 생각이 드네요.

청중 2 워낙 경쾌하시고 즐겁게 말씀하셔서 인생이 항상 즐거우셨을 것 같기도 하지만, 갈지자라고 표현하신 걸 보면 어려움도 있었고 불확실한 것에 계속 도전하는 불안감도 있지 않았을까 생각이 듭니다. 혹시 불확실함을 견디는 방법 같은 게 있었나요?

장 불확실함을 견디는 소소한 즐거움은 몸을 움직이는 거예요. 예를 들어 사법 시험 준비할 때 너무 스트레스가 심하잖아요. 2년까진 엄청 열심히 했지만 3년차부터는 인고의 시간이었죠. 그때는 댄스와 등산으로 풀었어요. 지금은 테니스고요.

사실 타고난 성향이 좀 있는 것 같아요. 제가 로펌을 떠나야겠다고 생각한 건 들어간 지 3년쯤 되었을 때였어요. 일이 익숙해지고 보니 3년 뒤의 삶도 똑같을 것 같더라고요. 매번 새로운 일을 만나긴 하지만 사건을 수임하고 해결하고, 또 수임하고 해결하고, 다람쥐 쳇바퀴 돌리듯 그렇게 살아갈 텐데 그게 너무 싫었어요. 지금은 사업을 하잖아요. 내일 무슨 일이 일어날지 모른다는 것, 사실 전 그게 즐거워요. 지금 저희가 하는 굵직한 사업들도 제가 시도하고 노력한 결과인 동시에, 예기치 않은 우연과 예기치 않게 만난 사람들 덕분이기도 하거든요. 전 그게 정말 좋아요. 저는 지하철역에서 목적지까지 가는 길이 여러 개가 있으면 갈 때마다 새로운 길로 가려고 노력합니다. '어머, 여기 있던 카페가 없어졌네' 하며 길거리 풍경을 살피고 뭔가 새로운 것을 탐색하는 걸 좋아하는 스타일이에요.

박 정말 깃발을 들고 달리는 타입이시군요. 올라갔다가 이 산이 아니다 하면 다시 내려오고.

장 수많은 하산을 했죠.(웃음) 한 가지 덧붙이자면, 그렇다고 굉장히 여유가 있어서 계속 다른 시도를 했던 건 아니에요. 제가 전라도 광주 출신이에요. 원래 지방에 있는 의대를 가려고 했거든요. 그런데 아버지와 사이가 좋지 않아서 열심히 노력해 서울로 대학을 왔어요. 사법 시험도 쉽게 되지 않았어요. 사실 더는 못 하겠다 싶을 무렵, '이게 마지막 시도다' 생각한 해에 어머니가 돌아가셨어요. '진짜 인생의 마지막이다, 이번에 안 되면 그만두겠다' 하던 때였죠. 그런 상황에서 1차와 2차를 동차로 붙은 거예요. 이때 안 되면 정말 더 이상 안 하려고 했는데. 그리고 로펌에서 오래 일하면서 돈을 많이 모아 사업을 시작했느냐? 그것도 아니에요. 집 팔고 시작했어요. 집도 순수한 제 자산은 아니었지만요. 그렇게 집 팔아서 빚을 청산하고 삶의 스케일을 줄였죠.

이것도 지난 이야기라 단순하게 설명하지만, 사실 첫 번째 창업 실패하고 나서 두 번째 길을 선택할 때 다시 로펌에 돌아갈까 정말 고민을 많이 했어요. 로펌에 붙어 있으면 월급이 들어오긴 하잖아요. 그런데 그게 제게는 꼭 식물인간의 삶 같더라고요. 로펌에 다닐 땐 정말 출근하기 싫었고 일요일 밤이 괴로웠어요. 하지만 지금은 전혀 괴롭지 않거든요. 저는 제가 컨트롤할 수 없는 삶을 정말 싫어하는 거죠. 그런 맥락들이 다 합쳐져 창업을 할 수 있었던 거지, 단순히 여건이 좋아서 한 건 아니에요. 반대로 여건이 좋은 사람들은 오히려 못 할 수 있죠.

물론 제가 낙천적이긴 해요. 항상 긍정적으로 생각하고,

그래서 우리 공동 창업자들한테 야단을 맞기도 하고요.(웃음) 그렇지만 창업자들에게는 낙천적인 성격이 중요한 것 같아요. 사실 현실에선 안 되는 게 너무 많잖아요. 그런데 될 일은 된다고 생각하고 첫 단추를 끼울 수 있어야 하거든요. 또 해봤는데 안 되면 '안 될 수 있지, 맨날 되면 그게 사업이야?' 이렇게 생각하는 거죠.

청중 3 저는 아이를 키우며 직장에 다니고 있습니다. 방금 로펌 다닐 때 식물인간 같다고 느끼셨다고 하셨는데, 제가 요즘 그렇거든요. 한 회사에 너무 오래 다녔고, 또 한 상사에게만 맞춰서 오래 지내다 보니까 편해요. 눈치 봐서 아이 핑계 대고 일찍 퇴근하기도 하고, 아침에 아이 어린이집 보낸다고 늦게 출근하기도 하고. 일과 가정의 양립이 아주 어려운 상태는 아니에요. 물론 눈치는 보지만요. 그렇게 이 회사에서 6년차가 되니 식물 같다는 생각이 드는 거예요. 죽치고 앉아서 월급만 받고, 힘들어도 '며칠만 참으면 월급 받으니까' 하면서 버티죠. 그런데 오래 같이 회사를 다녔던 선배들이 요즘 많이들 회사를 관두세요. 그 이유가, 아이들이 초등학교에 입학해서더라고요. 제 경우에는 아이가 아직 많이 어리고요. 그분들이 나가면서 이런 이야기를 하세요. "너 아이 초등학교 들어가려면 5년 남았지? 그 전에 빨리 창업할 생각 해. 얼른 네가 살 길을 마련해." 저도 눈치 보고 일찍 퇴근하고 휴가 많이 쓰면서, 승진을 한다거나 회사에서 커리어를 키우는 건 포기했어요. '적당히 아이 키우는 워킹 맘으로 월급만 받으면 됐지' 하는 상태인데 이것도 몇 년 지나니까 한계인 것 같은 거예요. 내가 이 상태를 얼마나 견딜까 싶어요. 책도 읽고 끊임없이 공부도 해요. 엄마로서 어떻게 살아갈까 고민도 하는데, 일을 놓치고 싶지는 않거든요. 창업도 해보시고, 실패도 해보시고, 또다시 사업을 시작해 지금 계속 일을 하고 계시니까 조언을 구하고 싶어요. 특히 어떻게 펀딩 같은 걸 받는지, 공동 창업자들은 어디서 만나는지 궁금해요. 그런 네트워크를 어떻게 만들 수 있을까요?

장 지금 본인이 식물인간처럼 느껴진다면 조직에도 안 좋고 개인에게도 안 좋은데요, 그래서 어느 정도의 계기는 필요한 것 같습니다. 월급이라는 족쇄에 익숙해지면 나중에 홀로서기가 힘들어요.

일단 창업을 하려면 어느 정도 관심 분야가 있어야 해요. 창업도 맥락 없이 이루어지진 않거든요.

그리고 함께할 사람을 구하는 문제는……. 아까 말씀드렸다시피 제가 첫 번째 창업 때는 실패를 했는데요, 당시 공동 창업자를 제 의지대로 퍼즐 맞추듯 모은 게 아니었어요. 투자자가 매개가 되어서 만난 사람들이었거든요. 그러다 보니 서로의 역할에 대한 보완이나 시너지가 부족했던 거죠. 만약에 관심 분야가 있다면 모임에 나가거나 창업 동호회에 꾸준히 참석하며 사람들을 계속 만나시는 게 좋을 것 같습니다. 예를 들면 제가 사는 동네에 어린이 책방이 하나 생겼는데, 그곳도 출판사에서 같이 일하던 분들끼리 모여 만드셨더라고요. 애 키우면서 할 수 있는 일이기 때문에 시작하셨대요. 이런 식으로 내가 무엇을 할 수 있는지 찾고, 같이 일할 사람들을 만나는 사전 작업이 필요한 것 같아요. 그리고 처음엔 작게 시작하시고요.

또 꾸준한 준비 작업이 필요하다는 말씀도 드리고 싶어요. 진득하게 관심 분야를 키워 가는 거죠. 제 지인 중한 분은 식물을 키우는데요, 식물을 사고 팔면서 그 시장을 계속 탐색하더라고요. 그 분야에서 일하는 후배랑 친하게 어울리며 이걸 사업으로 한다면 어떻게 할지 이야기도 나누고, 동호회 활동도 하면서 작게라도 시장에 대한 감을 익히는 거예요. 관심 분야가 있다면 그 분야의 크라우드 펀딩에 참여해 보는 것도 방법입니다. 적은 액수라도 넣어 공부한다 생각하고 그 분야가 어떻게 돌아가는지 탐구하는 거죠. 아니면 파트타임으로 다른 회사에서 일을 해볼 수도 있고요. 그렇게 작게라도 시작할 수 있다는 생각이 듭니다. 어쨌든 관심을 가지고 준비를 해야 뭔가 보이는 것 같아요.

청중 4 안녕하세요. 저는 예전에 어떤 회사에서 인턴으로 일한 적이 있었는데요, 그때 제가 맡은 직무에 저 혼자밖에 없는 상황이라 누구에게도 일과 관련한 도움을 구할 수가 없었어요. 꾸준히 해보려고는 하는데 그 일이 제게 맞는지 모르겠고, 어떤 노력을 해야 될지도 모르겠어서 어려움을 많이 겪었습니다. 저랑 같은 길을 가는 사람을 만나지 못할 때, 제가 맞는지 틀렸는지 도움을 받기 어려운 상황일 때, 어떻게 하면 좋을까요?

장 우선, 어떻게 살아야 하는지 답을 줄 수 있는 사람은 없죠. 각자의 인생이니까요. 제 경우를 돌아보면 고비마다 인연들이 다가왔는데요, 그들이 다가왔다기보다는 제가 꾸준히 탐색했기 때문에 그 인연을 잡을 수 있었던 것 아닌가 하는 생각이 들어요.

말씀 안 드린 일화 하나 들려 드릴게요. 첫 번째 창업에 실패하고 도대체 내가 뭘 해야 할지 찾으려고 다양한 시도를 하다가, 일단 내가 도움줄 수 있는 것들을 먼저 해보자는 생각이 들었어요. 다행히 변호사라는 자격증이 있으니 누군가를 돕고자 했을 때 상대편에서 흔쾌히들 받아들이는 상황이었거든요. 그때 인연을 맺은 게 '제주올레'예요. 제주에 올레길을 만든 비영리 단체죠. 제가 대학 때 많이 놀았다고 말씀드렸는데, 여행 동아리도 했거든요. 해마다 지리산 종주를 하고, 제주 해안 도로를 걷는 도보 여행을 하고……. 해안 도로 도보 여행, 전혀 낭만적이지 않아요. 자동차 매연을 대신 마셔 줘야 되거든요.(웃음) 그 경험이 있어서인지, 제주 올레 1코스 리플릿을 발견했을 때 '이건 제주를 바꿀 거다' 하는 감이 오더라고요. 저는 될성부른 떡잎을 알아보는 것, 뭔가 될 것 같은 지점을 발견하는 데서 묘한 쾌감을 느끼는 사람이에요. 게다가 또 동작이 빨라서(웃음) 제주 올레 1코스 리플릿을 발견하자마자 곧바로 전화를 했죠. 저 시간 많은 변호사인데 시킬 일 없냐고. 그렇게 제가 제 돈 들여서 제주를 드나들며 제주올레와 인연을 맺은 게 2009년이었어요. 그러면서 제주에서 뭔가 해보려는 친구들을 만나게 됐고, 그 친구들을 통해서 OEC의 투자자도 만나게 된 거예요. 제가 하고 싶은 일을 소문내는 것도 도움이 됐어요. "저 이런 거 해보고 싶어요, 저 이런 거 했었는데 이런 게 안됐어요" 같은 이야기를 열심히 하고 다닌 거죠. 그 덕에 인연이 생기고 기회들이 연결된 것 아닌가 합니다.

청중 5 말씀 중에 변호사 자격증 덕분에 유리한 경우가 많았다고 하셨잖아요. 저는 새로운 시도를 할 수 있는 게 그런 마지노선이 있기 때문에 가능하다고도 생각하거든요. 저도 그런 지점을 갖고 싶고요. 그래서 첫 번째로 든 생각이, 그런 지점이 없더라도 과연 이런 시

도들이 가능할까 하는 거였고요, 또 자격증 있는 전문
직종에 있지 않은 여성이 나만의 강점을 갖는 것에는
어떤 방법이 있을지 궁금합니다.

장 첫 번째 질문에 대해서 잠깐 말씀드리자면, 투자자들
이 투자를 기피하는 CEO의 조건들이 있어요. 교수, 의사,
변호사. 이런 사람들에게 웬만하면 투자하지 않아요. 믿는
구석이 있으면 '올인'하지 않는다는 거죠. 하지만 변호사
는 이미 저 말고도 할 수 있는 사람이 많잖아요. 따지고 보
면 그 세계에서 동일한 일을 한다고 했을 때 저의 경쟁력
은? 아마 그리 높지 않을 거예요. 저는 굳이 레드 오션에서
허우적대는 대신 다른 세계를 선택하기로 한 거예요. 물론
그 자격증이 없는 것보다 낫겠죠. 나중에 어떻게든 써먹을
수도 있고요. "그래도 너는 변호사였잖아" 하면, 네, 변호
사인 건 맞아요. 그런데 그걸 철저하게 버렸기 때문에 이
자리에 있는 거거든요. 만약 돌아갈 생각이 있었으면 이미
돌아갔겠죠.

　창업 세계가 정말 매력적인 게 뭐냐면, 그 세계에서는
"무얼 만들고 싶어?"를 묻지 "너 어느 학교 나왔어? 어느
집안 사람이야?" 이런 걸 묻지 않아요. 사업의 세계에서는
"네가 뭘 만들 수 있어? 네가 뭘 만들었는데?"라는 질문에
대답을 할 수 없으면 안 돼요. 결과로 판단하는 냉정한 세

계거든요. 여기서는 제가 가진 장점을 탈탈 털어 활용해야 돼요. 그래서 변호사 자격증도, 돈 버는 용도로 사용하지 않았지만 다른 용도로 활용한 거죠. 냉정하게 생각해 보면, 제가 하는 이 업 자체도 저이기 때문에 할 수 있는 거라고 생각해요. 저는 현대사가 흘러온 과정에서 특별한, 소위 '낀세대'거든요. 디지털과 아날로그 사이의. 저희 때만 해도 국가가 급성장하는 상황에서 여유로운 대학 생활을 보냈어요. 학비도 비교적 저렴했고, 경쟁도 치열하지 않았죠. 저는 제가 놓여 있던 시대적인 상황을 잘 받아들여서 뭔가를 만든 거예요.

자신에게 무엇인가 부족하다면 그게 부족한 나를 인정해야겠죠. 대신 어떤 것들을 키워 가야 될지 찾아보는 겁니다. 아까 말씀드린 베이글 빵집 후배는 빵에 방점을 찍은 거예요. 그리고 본인이 광고 홍보 회사에서 일을 했던 경력, 그걸 잘 꿰어 맞춘 거죠. 전문직이라고 해서 그게 반드시 장점이 될까요? 어떤 사람은 오히려 전문직이기 때문에 그다음 스텝으로 못 나아가요. 제 후배 하나는 회사가 너무너무 싫은데 남들 시선이 무서워서 다음 스텝으로 못 나아가더라고요.

요즘 탈(脫)변호사들이 많아지고 있어요. 스타트업 하는 변호사들이 모이는 자리도 있죠. 변호사 그만두고 스타트업 하는 친구들도 이제 많아졌거든요. 요가 강사를 하는 친구도 있고요. 이제 우리 삶의 가치관이 많이 달라진 거예요. 사실 변호사들끼리 우스갯소리로, 우리 중 50퍼센트는 우울증 환자라고도 해요. 누구든 뚜껑 열어 보면 남들이 보지 못하는 애로 사항이 나오니까요. 그래서 나만의 길이라는 걸 잘 찾아보셨으면 좋겠다, 이런 이야기를 드리고 싶습니다.

박 보통 창업을 한다고 하면 치킨 집부터 알아보잖아요. 저는 오늘 말씀 듣다 보니까, 우리가 대부분 사업 기회를 자기 안에서 찾는 게 아니라 직업 구하듯이 한다는 생각이 들어요. 창업이든 직업이든, 나를 먼저 들여다보는 방식으로 접근하면 직업 안에서도 창업의 가능성과 여지를 많이 찾을 수 있지 않을까 하는 생각이 들었습니다. 이제 마무리할 시간인데요, 마지막으로 여성으로서 일한다는 것에 대해 어떻게 느끼시는지, 또 어떤 것들을 경험하셨는지 한 말씀 부탁드립니다.

장 저는 수평적인 조직에서 일을 해왔기 때문에, 솔직히 여성이기 때문에 차별받는다는 느낌을 거의 받지 못했어요. 그래서 내가 일하는 환경에서는 왜 이렇게 차별을 느끼지 못했을까 생각해 보니, 우리는 '남자' '여자'로 보지 않고 서로를 그냥 팀원으로 보거든요. 모두가 수평적 관계예요. 제가 대표이긴 하지만 오늘도 팀원들에게 엄청 까였어요. 평등하거든요. 최근에 공공 기관들과 일해 보니, '갑질'의 실체를 알겠더라고요. 남녀의 문제를 떠나 우리 모두가 서로를 평등하게 파트너로 보는 인식이 정착된다면, 남녀 모두가, 사회 구성원 모두가 행복하지 않을까 싶어요. 지금은 제가 갑질하는 분들을 응징할 만한 역량이나 힘이 없지만(웃음) 스타트업 세계의 평등한 문화가 우리 사회 전반으로 확대되었으면 하는 바람입니다.

같은 이유로 저는 스타트업의 세계가 많이 확장되면 좋겠어요. 사람들이 스타트업에서 일해 보고 또 본인의 일을 시작하면서 각자가 먹고사는 것을 스스로 컨트롤할 수 있게 되면 사회에서도 제 목소리를 낼 수가 있거든요. 저는 이렇게 민초들이 단단한 사회를 만들고 싶다는 소망을 품고 있습니다. 남녀 관계는 물론, 사회 전반에서 모두가 서로를 동등하게 인정하는 문화가 정착된다면 우리 모두 조금은 더 행복해질 수 있지 않을까요? 저도 오늘 정말 즐거운 시간이었습니다. 고맙습니다.(박수)

박 오늘은 '자유'라는 주제로 OEC 장영화 대표님을 모시고 말씀 들었습니다. 함께해 주신 여러분, 고맙습니다.(박수)

은수미

여성이 쓰는
변화의 역사

대학 시절 반독재 민주화 운동을 하다가 제적된 뒤 노동 운동을 시작했다. 1992년 '사노맹 사건'으로 구속되어 5년여의 수감 생활을 했다. 대학으로 돌아가 박사 학위를 받은 뒤 각종 저서와 논문을 통해 노동 문제를 제기해 왔다. 19대 국회의원으로 불합리한 노동 현안을 개선하기 위해 다양한 의정 활동을 펼쳤다. 2016년 2월 24일 새벽 2시 30분부터 오후 12시 48분까지 10시간 18분 동안 테러방지법에 반대하는 필리버스터 발언을 진행했다.

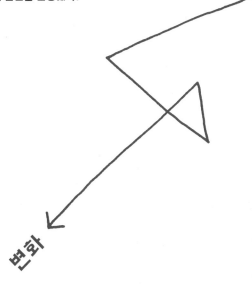

변화

박태근(이하 박) 안녕하세요. 이 자리에 오신 여러분 반갑습니다. 〈여성의 일, 새로고침〉 마지막 시간입니다. 오늘은 '변화'라는 키워드로 이야기를 나누려고 합니다. 오늘 모실 분에 대해서는 많은 분들이 알고 계실 것 같은데요, 은수미 전 의원님을 모셨습니다. '여성이 쓰는 변화의 역사'라는 주제로 강의를 들려주실 겁니다. 박수로 맞이해 주세요.(박수)

은수미(이하 은) 안녕하세요. 소개받은 은수미입니다. 여러분들을 만나는 자리에 오게 되어서 정말 영광입니다.

제가 하는 일로 저를 소개하자면, 저는 세상을 바꾸고 싶은 사람들에게 정치를 통해 그 길을 열어 주는 일을 합니다. 모든 불평등과 차별을 넘어서 남성이든 여성이든, 장애인이든 비장애인이든, 청년 알바생이든 힘든 어르신이든 태어나서 죽을 때까지 존엄할 권리를 누리는 것, 그길을 여는 것이 저의 일입니다.

제가 전국으로 강의를 다니거든요. 그때마다 자주 받는 질문들이 몇 가지 있는데, "어떻게 삶의 무게를 지탱해 왔는가?" "당신 에너지의 원천이 무엇인가?"입니다. 처음 그 질문을 받은 날부터 끊임없이 자문하고 그것을 통해 배우고 있습니다. 이 자리에서 제가 여러분에게 이야기를 드리고 있지만, 이렇듯 강의는 일방적인 소통이라기보다 저 역시 여러분에게 배우는 자리라고 생각해요. 그럼 이야기를 시작해 보도록 하겠습니다.

나는 끊임없이 묻는다 "나는 살아남았나"

방금 말씀드렸시피, 저는 끊임없이 스스로에게 묻는 습관이 있어요. 아주 귀찮게. 학생 운동을 할 때도 물었어요. '왜 네가 이 짓을 하니?' '넌 뭘 원하는 거야?' 국회의원이 되었을 때도 '네가 원하는 정치가 뭐야?'라고 저 자신에게 물었습니다. 이번에 여러분이 주신 질문들 중에 "어떻게 남성 위주의 사회에서 견디고 살아남았냐"라는 질문이 있더라고요. '살아남았냐'라는 단어를 보고 스스로에게 다시 물었습니다. '너는 정말 살아남은 거니?' 이 이야기부터 시작해 보려고 합니다.

여러분이 제게 어떻게 살아남았냐고 묻는 이유는 제가 국회의원을 했던 여성, 소위 알려진 여성, 그러니까 일종의 성공한 여성으로 비치는 측면이 있어서가 아닐까 생각합니다. 그것이 제가 살아남았다는 증거일까요? 저는 성공한 여성으로 비치는 제 모습이 여러분에게, 혹은 제가 항상 함께하는 비정규직에게 청년들에게 어떤 의미인지 물어요. 비슷한 질문을 2007년 6월에도 했죠. 6월 항쟁 20주년 행사가 있던 날이었습니다. 그날 저는 행사가 있던 세종문화회관 바로 건너편에서 비정규직 노동자 인터뷰를 진행하고 있었거든요. 문득 이런 의문이 들었습니다. '삶이

나락으로 떨어지고 있는 이 사람들에게 저 기념식이 도대체 무슨 의미가 있을까?' 지금도 같아요. '성공한 여성으로 비치는 내 모습이 어떤 의미가 있는데?' 이렇게 묻게 됩니다. 물론 한국 사회에서 여성이 꽤 높은 지위를 가지는 경우란 굉장히 드무니까, 그 자체로 젊은 여성들한테는 성공한 선배라는 롤모델이 될 수 있어요. 하지만 계속 묻게 되는 이유는, 저와 같은 경우는 예외적인 케이스거든요. 희망이란 모두가 꿈꿀 수 있는 보편적인 것이어야지 특별한 예술품처럼 예외적이어서는 안 된다고 생각하기 때문에, 내가 성공한 여성으로 비치는 것이 지금 어려운 상황에 놓인 사람들에게 어떤 의미가 있는지 묻게 되는 거죠.

제 세대가 힘들었다고들 하지만 여러분처럼 취업, 스펙, 알바, 구직, 정규직, 공무원 그런 것이 삶의 모든 것이었던 적은 없어요. 그때도 결혼, 출산, 육아가 힘들긴 했지만 그것이 저의 성취에 장애가 될 것이라고 고민한 적도 거의 없었습니다. 다시 20대로 돌아가고 싶다는 생각은 제게 없지만, 저의 20대를 채웠던 키워드는 정규직, 실업, 알바, 중독, 자살 이런 게 아니었거든요. 사랑과 명예와 나라와 민족과 청춘과 열정으로 삶을 채웠어요. 요새는 20대에 한 번만 삐끗하면 이후의 인생에서 재기의 기회가 없다고들 하는데, 전 삐끗 많이 했거든요. 그럼에도 여러분과 달리 재기했잖아요. 아주 예외적인 케이스인 거죠.

그럼 이렇게 여기까지 온 저의 삶은 도대체 여러분에게,

특히 제가 많이 사랑하는 20대와 30대에게 어떤 의미일까 물어요. 저희 세대는 가혹한 독재를 겪었죠. 그래도 그때와 지금을 비교할 때 그 시대가 더 무거웠는가? 전 그렇다고 생각하지 않아요. 왜냐하면, 이 시대를 살고 있는 여러분처럼 "쓸모가 있냐 없냐"라는 질문 앞에 선 적은 없기 때문입니다. 여러분이 책상을 치우시거나 이사를 갈 때, 가지고 있는 모든 이러저러한 물품에 대해서 판단하시죠? 쓰레기일까, 아닐까. 익숙한 일이죠. 그런데 사람에 대해서도 그렇게 하잖아요. 그걸 온몸으로 느끼고 있거든요. 존엄이 아니라 쓸모가 우리 삶의 규칙이 되어 버린 건데요, 사실 헌법은 그렇지 않잖아요. 제가 항상 주장하는데, 헌법 앞에서 당신은 똑같습니다. 장애인이든 아니든, 일등이든 꼴등이든, 저성과자든 고성과자든 사람 그 자체가 존엄하기 때문에 태어나서 죽을 때까지 당신은 존엄해야 합니다. 그것이 대한민국 민주 공화국 헌법 정신이죠. 그런데 왜 저와 제가 사랑하는 사람들이, 그리고 여러분이 사람인지 자원인지, 쓸모가 있는지 없는지에 대한 질문 앞에 서고, 왜 매시간 쓸모를 입증하면서 살아야 하는 걸까요. 보편적 복지 제도가 마련되지 않는다면, 기본적인 인권 보장이 이뤄지지 않는다면, 대다수의 사람은 태어나서 죽을 때까지 존엄성을 가질 수 없겠죠. 그 과정에서 자긍심과 자존감은 존재하지 않고요. 죽을 때까지 "네가 쓸모가 있느냐 없느냐"라는 질문을 받아야 될 거예요.

그래서 여러분은 제게 어떻게 살아남았냐고 묻지만, 저는 지금도 스스로 묻습니다. '네가 살아남은 거니? 네 삶을 만든 역사에 고마워하면서 미래에 기여하고 있니? 너도 정말 쓸모 앞에서 질문을 당하는 건 아니니?'

거대한 의자놀이

"당신은 살아남았습니까?" 저는 이 질문을 강남역 여성 살해 사건의 추모 포스트잇에서 봤어요. 굉장히 충격이었는데요, 더 충격이었던 건 그다음이에요. 서로 살아남았는가를 물으면서 살아 있음을 격려하고 그 질문이 우리가 미래에 살아 있음으로 이어져야 한다는 얘기 대신, 그것이 또다른 혐오로 이어졌다는 게 놀라웠습니다. 이 사회에서 가장 어려운 상황에 놓인 20대 여성과 20대 남성이 마치 싸우는 것처럼 보이는 형국이 진행되고 있었어요.

저는 20대 여성과 남성이 거대한 의자놀이를 하고 있다고 생각합니다. 의자놀이 아시죠? 의자 열 개가 있고 사람 열 명이 있어요. 요즘 정규직도 의자 하나에 못 앉죠. 그래서 항상 이렇게 뱅글뱅글 돌아야 해요. 다 같이 돌다가 호루라기를 불면 의자가 하나 치워져요. 그러면 열 명의 사람이 의자 아홉 개를 놓고 싸우죠. 우리가 돈이 없어서 그런 게 아니에요. 의자는 충분할 수 있어요. 그런데 의자는 없어져요. 그다음 호루라기가 울리면 의자를 또 하나 치우는 거죠. 그러면 열 명이 여덟 개 의자를 두고 싸워요.

지금 저는 사람 열 명에 의자가 다섯 개 정도 있는 상황이라고 생각해요. 그러면 사람들이 웅성웅성하게 되어 있어요. "내 의자 어디 있어?" 하면서요. 우리가 관람석에 앉아 의자놀이를 하고 있는 영화를 보는 거라면, "그 의자, 호루라기 분 놈이 가져갔잖아" 이렇게 이야기를 할 거예요. 그렇지만 실제로 의자를 가지고 싸우는 사람들은 그렇게 생각하지 않아요. "저기 정규직이 앉아 있네." "저기 군대도 안 갔다 온 김치녀가 앉아 있네." "저기 한남충이 앉아 있네." 혹은 "야, 고성과자가 앉아야지, 무슨 저성과자가 의자 이야기를 하니?" "지잡대 출신이 말도 많다." 이렇게 말하죠. 서로에 대해 이렇게 싸움을 벌이는 게 지금의 20대, 30대라고 생각해요. 의자를 가져간 것은 다른 사람인데요.

의자놀이에서는 대게 남성이 먼저 의자를 차지해요. 그런데 지금 20대 남성은 그러지 못하죠. 그 절망감이 굉장히 커요. 그래서 자기보다 약한 사람을 향해 분노를 쏟아 내고 있다고 전 생각해요. 어릴 때부터 성희롱, 성폭력을 당해 온 여성은 울고불고하느라 의자를 찾지도 못하고 있어요. 그렇게 가장 많은 희생을 치르고 있는 세대인 20~30대, 특히 20대 남녀의 두 집단이 싸우는 양상처럼 보이면, 이걸 어떻게 설명해야 할까요.

우리 아이들이 왜 싸우고 있는지, 나는 무엇을 할 수 있는지에 대해서 아직도 제대로 답변을 못 하고 있습니다. 제가 '강남역 여혐 살인 사건'이라고 언급했다는 이유로 '꼴페미'라는 소리를 듣고는 발언을 중단했어요. 아직은 이 흐름을 뭐라고, 제 가슴 아픔을 뭐라고 표현해야 할지 모르겠더라고요.

어쨌든 자신의 존엄과 타인의 존엄을 옹호한다는 것, 존엄이 사회의 규칙이 된다는 것, 헌법이 글자가 아니라 말 그대로 헌법, 게임의 룰이 되는 것. 그것은 정치적 행동을 통해 존엄을 역사에 새길 때만이 가능하다고 생각해요. 존엄을 역사에 새기는 정치적 행동이 뭘까, 이게 요즘 저의 고민이에요. '나는 무엇을 해야 할까?' 그러니까, '여성으로서 약자 편에 서는 정치적 행위를 한다는 것, 그게 뭘까' 가 저로서는 가장 큰 고민입니다.

여성으로서 불평등과 차별에 저항하기

여성으로서 불평등과 차별에 저항하며 인간으로서의 존엄을 지켜 낸다는 것에는 크게 두 가지 유형이 있다고 봅니다.

하나는 서프러제트 유형이에요. 영화 〈서프러제트〉 보신 분들 계시죠? 1920년대 여성 참정권을 얻기 위한 영국 여성들의 싸움이었고요, 여성 이슈를 전면에 내건 페미니스트 운동이었습니다. 그 영화가 개봉되고 나서 백인 여성의 운동에만 초점을 맞추었다는 논란이 전 세계적으로 일긴 했습니다만, 어쨌든 본격적이고 전면적인 페미니스트 운동을 다룬 영화였죠. 여성 이슈에 집중하면서 젠더의 문제를 전면에 내걸고, 그것을 통해 게임의 규칙을 역사에 새겨서 불평등에 정면으로 도전하는 유형이라고 봐요.

다른 하나는 여성만이 아니고 청년, 비정규직, 장애인, 자영업자, 이주민 등 불평등의 일부, 혹은 상당수의 불평등에 대해서 저항하는 것으로 싸우는 방식입니다.

전자는 여성, 즉 젠더를 새기기에는 효과가 있겠지만 연대를 하기에는 상당한 문제가 있죠. 후자는 연대를 하기에는 효과적이지만 여성을 새기기는 어려워요. 제가 어떤 어 젠더를 가지고 어떤 식으로 싸워 나가야 할지 아직은 잘 모르겠지만, 저 자신이 어떤 유형에 속한다는 것은 알겠더라고요. 저는 후자의 방식을 선택한 사람입니다.

제가 '여성이라서 차별받는구나' 뼈저리게 깨달았던 건 감옥에서였어요. 제가 수감된 감옥은 냉난방도 되지 않고, 화장실은 '푸세식'이었어요. 구더기가 나오는 곳에서 밥을 먹어야 했습니다. 종양 제거 수술을 받은 뒤, 난방도 안 되고 창문도 없는 1.5평짜리 방에 누워 있는 것은 쉽지 않은 일이었어요. 제가 창문도 없는 방에 있었던 것은 정치범인 데다 아픈 여성에게 내어줄 공간이 없었기 때문이었습니다. 특별히 누가 고의적으로 했던 짓은 아니고요, 감옥이라는 곳이 압도적인 다수 남성에 맞추어 움직이는 곳이기 때문에요. 병실이 주어지지 않을 뿐 아니라, 여성은 남성의 내의를 받고 남성의 로션을 받아야 했어요. 남성이 1500명이고 여성이 50명이면 그 여성 중 한 명이 죽을병에 걸렸다고 해서 배려를 할 수 없는 거죠. 전쟁이나 최악의 상황에서 여성과 약자가 어떻게 당하는가와 비슷해요.

여성에게 따로 운동장을 내어 주는 법도 없어요. 운동을 못 하죠. 그래서 제가 음악이 없어도 막춤을 추는 실력이 있어요.(웃음) 살아남아야 했거든요. 운동을 하는 방법은 하루 세 시간씩 막춤을 추는 거였어요. 같이 학생 운동을 하고 함께 수감되었던 남성들이 열다섯 명 정도 있었거든요. 나중에 알게 되었는데 그들은 같이 영화 보고, 모여서 토론하고, 테니스 치고, 축구를 하며 하루하루를 보냈대요. 그동안 전 혼자 있었던 거죠. 그 사실을 감옥에서 나오고서야 알았어요. 남성의 경험과 여성의 경험이 전혀 다르다는 걸 정말 뼈에 새겼습니다.

나는 여성이고, 여성이기 때문에 당하는 차별을 알고 겪었음에도 여성 젠더 이슈에 초점을 맞추기보다는 다른 약자들에 초점을 맞추면서 살아왔어요. 때로는 고민도 했지만 그래도 역시 후자의 길을 선택했고요. 물론 비정규직을 볼 때 반드시 여성 비정규직까지 고려하고, 장애인을 볼 때 반드시 여성 장애인은 어떤가를 함께 살핍니다. 성희롱 사건도 여성 비정규직에게 가장 많이 일어나요. 그렇긴 하지만 저는 페미니즘 운동을 본격적으로 한 적은 없어요. 제가 선택한 방식이 새로운 여성의 역사를 만드신 분들에게 그리고 제가 지금 여기 있을 수 있게 한 수많은 사람들의 희생과 헌신에 보답하는 방식이었는지, 전 아직 모르겠어요. 다만 여성이 나서서 역사에 존엄을 새기는 행위라는 점에서 두 가지 길 모두의 가치관이 공유되고 함께 존중되기를 바랍니다.

저의 경험을 빌려 말씀드리자면, 여성으로서 겪어야 하는 많은 고통은 몸에 새겨집니다. 제가 예전에 성희롱 연구 때문에 인터뷰를 한 적이 있는데요. "당신은 몇 살 때 처음으로 성희롱을 당했습니까?"라는 질문이 있었어요. 당시 연구 결과 보통 중학교라는 답이 제일 많았습니다. 누가 가슴을 만진다거나 '바바리맨'을 보는 것들 말이죠.

저도 그래요. 성희롱부터 밤길의 두려움, 성고문의 공포까지 몸에 새겨진 모든 느낌은 결코 사라지지 않고 살갗 밑에 덮여 있다가 순간순간 아우성을 쳐요. 처음에는 아우성을 느끼고 공포에 질릴 때마다 '내가 제정신인가?' 생각을 했어요. 근데 이게 정상인 거예요. 스스로 정상이라고 확신하게 된 것도 40대쯤 되어서였던 것 같아요. 그렇다고 이제 아무렇지도 않은 것은 아닙니다. SNS에서 입으로 표현할 수 없는 악성 댓글을 보면 화상에 댄 상처가 다시 뜨겁게 달아오르는 듯한 경험을 해요. 내게 아직도 트라우마가 있구나. 그럴 때 반드시 스스로에게 "이건 정상이야"라고 말해야 한다고 생각해요. 그리고 전 이 사람들이 쏟아내는 분노에 대해 옳고 그름을 따지지 말고, '왜 그럴까, 나에게 뭘 요구하는 걸까, 이 시대는 무엇이 잘못되었나' 그런 걸 들여다보라고 스스로에게 말할 정도의 힘은 생긴 것 같아요.

기득권은 힘이 세다

어쨌든 전 우리 20대, 30대가 저와 비슷한 공포를 겪지 않도록 좋은 세상을 만들고 싶어요. 저는 심각한 육체적 정신적 고통이 인간을 무너뜨린다고 믿는 사람이에요. 그래서 세상을 바꾸고 싶어요. 제가 실패할 수는 있습니다. 하지만 저의 실패가 저 같은 사람의 도전을 자극할 수 있다고 믿어요. 개인으로의 은수미는 힘없고 무력할지라도, 여성이자 인간으로서, 인류의 한 사람으로서의 은수미는 그렇지 않다고 전 확신해요. 여러분도 마찬가지라고 생각하고요.

여러분도 각자의 질문과 도전이 있을 텐데, 자유와 평등을 꿈꾸는 인류의 이름으로 도전하시길 바랍니다. 내가 질지언정, 우리는 이길 수 있거든요. 내가 얻는 것은 찰나, 아주 짧막한 순간의 기쁨만일 수 있고 혹은 그조차 누리지 못할 수 있지만, 그렇다 하더라도 괜찮다고 전 생각해요. 저는 여러분이 날아오르시길 바라요. 여러분이 무너지기 전에 제가 무너지는 일은 없을 것이고, 여러분이 포기하기 전에 제가 먼저 포기하는 일은 없을 겁니다. 대등하고 자유롭게 우리 얘기를 할 수 있어야 하고요. 그런 여러분이 위협을 받지 않고, 특히 저한테 소중한 20~30대가 날아오를 수 있도록 내가 무슨 기여를 할 수 있을지, 그것이 요즘 저의 최고의 질문이에요.

어떠한 사회 운동이든 세상을 바꾸는 시작은 시민이 동원되는 게 아니라 시민이 주체가 되어야 한다는 것을 잊지 말아야 합니다. 제도 정치권은 내부에서 바뀌지 않아요. 시민 의식, 시민의 코어, 시민의 직접 행동, 그러니까 팬클럽 말고요, 어젠더를 잘 잡고 시민이 참여하는 주체적인 운동이어야 되거든요. 그것이 쭉 흘러가지 않으면 정말 어렵습니다. 왜냐면 세상을 바꾸지 못하게 하는 구시대의 힘은 너무 크니까요. 미국을 보면 바로 설명이 되죠. 도널드 트럼프는 백인 하층민, 무너지는 사람들의 분노를 대변하고 있어요. 과거로 돌아가자는 그 열망은 정말 강합니다. '이 스패니시 때문에, 흑인 때문에, 이 한국인들 때문에, 중국인들 때문에 우리가 무너졌어. 그러니까 나는 옛날로 돌아가고 싶어.' 아주 강한, 정말 파워풀한 욕망……. 이렇게 구시대의 힘이 굉장히 강하다고 저는 생각해요.

새로운 미래의 힘이 미국에서는 '다양성'으로 표현되는 것 같아요. 처음에 빌 클린턴, 이어서 오바마와 힐러리와 샌더스까지, 이 흐름이 사실은 시민운동과 같이 있어요. 그렇지 않으면 굉장히 힘들 겁니다. 그러면 지금 우리는 도대체 무엇과 무엇이 부딪치는 시대적 전환기를 맞고 있는 걸까요? 무엇과 무엇이 부딪치고 있는 건지, 그 시대적 결은 무엇이고 거기서 내가 어떤 기여를 할 때 사람들이 날아오를 수 있는지, 그래서 20~30대가 모여서 "드디어 우리의 시대는 옵니다"라고 말할 수 있을지, 이게 저의 고민이라고 말씀드릴 수 있겠습니다. 감사합니다.(박수)

박 의원님께서 시간을 딱 맞춰 주셨기 때문에 여러분과 충분한 이야기를 나눌 수 있을 것 같습니다. 이제 저에게 주어진 역할을 할 차례죠. 여러분이 오픈테이블 때 은수미 의원님에게 이러이러한 이야기를 듣고 싶다고 전달해 주신 내용이 있습니다. 그래서 그 이야기들을 중심으로 제가 먼저 여러분을 대신해 의원님과 말씀 나눠 보겠습니다.

여전히 남성 중심, 남성 다수, 남성 상위…… 이런 조직 문화 속에서 내가 원하는 일을 이어 가고 끌어오려면 남성들과 관계를 잘 만들거나 그들에게 여성의 상황을 잘 설득해야 하는데 그게 사실 쉽지 않다는 말씀들을 많이 하세요. 국회에서 경험하신 바가 많을 텐데, 그런 고민에 있어서 본인의 경험이나 노하우를 들려주시면 좋겠습니다.

은 저는 노하우가 없어요. 오히려 잘 타협하지 않는다는 이유로 반감을 사는 일이 더 많은 사람일 거예요. 하지만 제가 들은 이야기를 해드릴 수는 있을 것 같습니다. 보좌관들 중 20~30년을 일하신 분들이 있어요. 저와 가치관은 다르지만 굉장히 평판이 좋은 분들이죠. 그래서 선거 전에 한 분을 저의 의원실에 모셔 강연을 들은 적이 있는데요, 그때 물어봤죠. "제가 19대 땐 같이 '으쌰으쌰' 하면서 일을 함께할 동료 의원을 너무 못 만들었는데, 재선이 되면 가능할까요?" 전 특히 초선에 여성이기도 해서 동료 의원들을 설득하기가 훨씬 더 힘들었고, 주장이 너무 강하다고 반감을 좀 얻은 면이 있지 않나 싶었거든요. 그런 고민을 털어놓으면서 "재선이 되면 다를까요?" 물어보니 이렇게 대답하셨어요. "자석이 되십시오. 여성에 초선, 비례 의원은 아직 쇳가루에 불과합니다. 아무도 붙으려고 안 해요. 지금 의원님 같은 사람은 누구에게 붙어도 상대가 싫어할 겁니다. 부담은 크지만 이익은 적거든요." 그러시더니, 스스로의 노력으로 중간 정도의 자석은 될 수 있다고, 그러면 그 자석에 붙는 쇠붙이가 생기기 마련이라고 하시더라고요. 애써 노력하지 않아도 누군가 붙는다는 거죠. 내가 어떤 자석인지가 중요하다고. 무엇을 상징하는지, 무슨 브랜드인지, 무슨 정체성인지, 그런 질문은 내가 자석만 되면 필요가 없는 거라고……. "다른 노하우는 없습니다" 하시더라고요. 저는 타협이 기술일 뿐이지 정치의 본질이라고는 생각하지 않는 사람이에요. 그래서 저로서는 일단 자석이 되는 것, 말하자면 좀 더 큰 권력을 발휘하는 것, 영향력을 발휘하는 것 외에는 다른 방법이 없다고 생각합니다.

박 현실적인 답변으로 다가오긴 하네요. 이어서 시민 단체에서 일해 본 경험이 있는 분이 질문을 주셨습니다. 시민 사회나 진보 운동 영역에서 오히려 의사 결정 구조가 굉장히 폐쇄적이고 권위적인 경험들을 많이 하셨는데, 의원님이 걸어오신 길, 그러니까 노동, 학계, 정계, 모두 비슷한 패턴일 거라는 거죠. 그런 의사 결정 구조 속에서 어떻게 이겨내고 계신지, 앞 질문과 연결되는 면이 있는데 그 부분도 말씀 부탁드립니다.

은 아까도 말씀드렸지만 저는 제가 이겨 낸 건지 잘 모르겠어요. 여기 남성분들도 계시지만, 여성들은 정말 어떤 집단에든 적응하기가 굉장히 힘들어요. 제가 과거에 다니던 직장이 그나마 여성 비율이 높았는데요, 높다고 해봤자 박사 서른다섯 명 중 여성은 여섯 명뿐이었어요.

이곳 역시 남성성이 지배적인 의사 결정 구조를 가지고 있어서 까라면 까고, 하라면 하고, 이런 면이 좀 있어요. 지금은 거의 없어진 것으로 알지만요. 게다가 많은 여성들이 겪어 본 어려움일 텐데, 소위 밤 문화까지 섭렵해야 하잖아요. 어떻게 해야 할지 지금도 모르겠어요. 항상 우리끼리 그 고민을 하거든요. 예를 들어 블루스 추자고 할 때 어떻게 이걸 하느냐. 여러 가지 방법이 있겠죠. 첫 번째, "미쳤니?" 하면서 문을 박차고 나간다. 두 번째, 춰준다. 더 즐겁게, 적극적으로 리드하면서 춰준다. 세 번째는 그중에서 블루스 싫어하는 남자 하나 잡고 끊임없이 수다를 떤다. 네 번째는 제가 잘 쓰는 방식인데요, 도우미분들이랑 같이 논다. 남성들이 건드리지 못하도록. 이렇게 네 가지 유형으로 대응을 합니다. 의사 결정이 공식적인 석상뿐 아니라 이런 비공식적인 곳에서도 이루어지니 그런 자리에 빠질 수도 없고요. 그렇게 그 의사 결정 구조에 적응하기 위해서 노력을 해요. 물론 안 될 때도 있어요. 지금도 계속 시도를 하는 거죠.

다만 여자 후배들에게는, 어디 가서 그런 문제가 생기면 말하라고 해요. 내가 당하는 건 몰라도 후배가 당하는 건 못 본다는 거죠. 한번은 그런 적이 있었어요. 실제로 후배에게 문제가 생겼을 때 제가 남자 동료들을 불러 놓고 얘기했어요. "너희들끼리 해결해라, 해결 못 하면 고발하겠다." 그러니까 해결을 하더라고요. 이런 게 여성들 간의 네트워크를 만드는 데 기여하는 건지는 잘 모르겠는데, 저 역시 저 자신을 위해서, 제가 사랑하는 사람들을 위해서 노력하고 있고, 가급적이면 그 경험들을 공유하려고는 해요.

박 먼저 주로 일과 관련한 질문들을 몇 가지 드렸고요, 이제 젠더 차별에 관한 질문을 드리려고 하는데…… 이게 굉장히 복잡한 문제이기도 해서 그중 가장 평이한 질문부터 드리겠습니다. 질문 주신 분께서는 한국 사회의 젠더 의식이 90년대보다 오히려 나빠졌다고 느낀다면서 이런 생각에 공감을 하시는지, 그렇다면 어째서 이런 일들이 나아지기는커녕 나빠지고 있는 건지, 이 부분에 대한 생각을 들려달라고 말씀해 주셨네요.

은 과거에는 젠더 의식이라는 게 없었어요. 저의 경험과 지금 20~30대의 경험은 굉장히 다를 거라고 생각하는데, 저희 때는 여성이 차별받는 게 너무나 자연스러웠거든요. 저만 해도 오빠보다 좋은 대학에 가는 게 참 미안한 일이었고요. 다행스럽게도 형제들이 격려를 해줘서 그렇지, 시대적인 분위기는 그랬습니다. 반장은 항상 남자가 하고 여성은 부반장을 하는. 항상 여성이 조금 못해야 하는. 예전에 새누리당 김을동 의원께서 그러셨잖아요. 똑똑한 여자 재수 없다고. 그게 그 시대의 문화예요. 그냥 그랬어요.

하지만 지금 20~30대는 아이를 한두 명 정도 낳아 기르던 때에 태어나 자랐죠. 그리고 남성이든 여성이든 비교적 동등하게 키웠고요. 요즘 대학 진학률은 여성이 더 높아요. 그런데 갑자기 왜 내가 차별을 받아야 되는지, 이해가 안 가는 상황이 벌어지는 거예요. 심각한 차별이 만연해 있었지만 너무 익숙해서 그걸 의식하지 못하는 세대가 있었고, 이제 차별을 의식하는 세대가 나타난 거죠. 압축적 성장에만 치중할 뿐, 어떠한 문화적인 가치가 공유되거나 문화적인 연대가 형성되지 않은 상황에서요.

우리나라가 GDP 수준에 비해 정말 희한하게 낮은 항목들이 있어요. 예를 들자면 OECD 국가 중 산재 사망률이 1위예요. 경력단절은 터키, 일본, 한국에만 있죠. 경력단절 비율의 경우, 일본이 없다면 우리가 압도적 1위예요. 성희롱, 성폭력 발생 건수도 심각하죠. 제가 작년에 '여성' 연관

어를 분석한 빅데이터 결과를 받았는데요. 2012년과 2015년 7월부터 12월까지를 분석한 결과, 2015년 1위가 살인이에요. 2위가 여혐, 5위가 성폭력이고요. 특히 1, 2위는 2012년 대비 20~30배 늘어난 수치예요. 그리고 나서 2016년에 강남역 여성 살해 사건이 일어났으니, 저로서는 당연히 이건 '여성혐오에서 비롯된 살인'이라고 해석할 수밖에 없어요. 물론 그 판단이 틀렸다고 이야기하시는 분들도 있죠. 제가 100퍼센트 옳다고 이야기하는 건 아니에요.

여성혐오 같은 건 GDP가 낮은 나라에서 벌어지는 현상인데, 왜 그럴까요? 우리나라의 GDP는 3만 달러인데, 문화적인 수준은 1만 달러라는 의미일까요? 저는 한국 사회의 젠더 의식이 더 나빠지고 있다는 의견에 공감하고 여성들이 그것에 고통받고 있다고 생각합니다. 그리고 이 문제를 긍정적인 힘으로, 시대정신으로 바꿔 낼 수 있는 키워드가 뭘까 고민하고 있고요. 이것이 갈등이라는 상태에 머물러 있으면 시대정신으로 바꿀 수 없어요. 특히 여성혐오는 굉장히 고민스러운 주제예요. 현재로서는 이렇게 공감하는 수준입니다.

박 그 고민에 더해서 좀 더 포괄적인 질문을 하나 더 드리고 싶습니다. 사회를 분석하거나 해석하는 큰 틀로서 젠더와 계급이라는 것을 우리가 많이 이야기하는데, 실제로 이 두 가지는 따로 분리된 게 아니라 같이 엮여 있잖아요. 언젠가 의원님께서도 계급이 낮은 쪽으로 갈수록 젠더 문제도 더 크게 불거진다고 말씀하셨고요. 하지만 여전히 이 두 가지가 많이 엇갈린다는 느낌을 받아요. 그런 부분에 있어서 의원님께서는 어떤 고민을 하고 계신지.

은 젠더와 계급, 두 가지 길을 모두 존중해야 한다고 생각합니다. 저로서는 항상 그게 고통스러워요. 지금 여성혐오라는 건 대개 약자들 사이에서 벌어지는 문제잖아요. 이들의 계급은 약자예요. 의자놀이에서 약자들은 위로 칼을 꽂지 않습니다. 강한 사람한테 칼을 꽂지 않아요. 자기하고 동등하거나 자기보다 약한 사람에게 칼을 꽂게 되어 있죠. 그렇다면 이건 약자를 양산하고 그 약자를 사회의 배터리로 쓰기 때문에 벌어지는 문제죠. 만약 그것이 여성혐오라면, 이건 계급적인 문제와 결합이 되는 거예요. 그렇기 때문에 젠더 문제의 영역을 더 넓히든가, 아니면 계급 문제의 영역을 더 넓히는 방식으로 제2의 관점을 찾아야 한다고 생각합니다. 근데 그 관점을 못 찾고 있거든요. 저처럼 계급 문제에 큰 관심을 가진 여성이 여성혐오 문제의 빅데이터 분석을 요구한단 말이죠. 이게 약자 현상이라고 보기 때문에요.

그리고 저는 욕을 먹든 안 먹든, '스피커' 능력이 생겼잖아요. 그런 사람들이 용기를 내야 한다는 생각을 가지고 있습니다. 제가 젠더 문제나 페미니즘의 문제에서, '이건 내 전문 분야가 아니니까' 하면서 문제 제기를 멈추면 안 된다고 생각해요. '약자 현상으로서 젠더 문제와 계급 문제를 같이 고민할 수 있는 지점들을 찾아야겠다.' 뭐, 그 정도로 답변드릴 수 있을 것 같습니다.

박 그 정도라고 하셨지만 지금 모든 질문을 거의 한 방에 다 해결하는(웃음) 답변을 해주셨습니다. 그런데 계속 "이 분야 전문가가 아니기 때문에 조심스럽다" 같은 말씀을 하시는 것 같아요. 그런데 지금 말씀하셨듯이 약자의 목소리를 내는 분들은 "내가 겪었기 때문에 내가 전문가다"라는 자신감을 가지고 있는 것 같거든요. 의원님께서도 여성 당사자로서 좀 더 세게(웃음) 말씀해 주셔도 괜찮지 않을까 싶습니다.

박 남은 시간 동안 청중들과 함께 이야기 나눌 텐데요, 오늘 강연에 대한 의견이라든지 함께 나누고 싶은 이야기들, 질문들, 자유롭게 들려주시면 좋겠습니다.

청중 1 안녕하세요. 제가 너무 기대했던 시간인데, 뵙게 되어서 영광스럽고 감사드립니다. 평소 제가 해왔던 생각인데요, 한국 사회의 주된 정서 중 하나가 "내가 이만큼 힘들었다, 네가 힘든 건 아무것도 아니야"라는 거고요, 더불어 "너도 당해 봐라" 이게 정말 크다고 생각해요. 여기에서 굉장히 많은 문제가 생기고 있는 것 같고요. 이게 나이 문제는 아니에요. 또래들도 "나 이 알바 너무 힘들어" 하면 "야 네가 힘든 거 아무것도 아니야, 내 알바가 더 힘들어"라는 식으로 얘기가 나오는 거죠. 이런 정서가 만연한데 아까 의원님은 본인의 20대를 이야기하시면서 "그래도 지금이 더 힘든 것 같다"고 말씀하셔서 조금 놀랐고요, 어떻게 그런 태도를 가질 수 있는지 궁금합니다.

은 굉장히 어려운 질문이에요. 저는 방금 말씀하신 그 내용이 뭔지 공감합니다. 제가 만나는 분들에게서도 자주 듣는 말이거든요. 어르신들께 청년수당에 대한 이야기를 하면 화를 내세요. 나도 힘들어 죽겠다고. 어르신들 기초 연금의 경우 18조 원을 만들어야 하는데, 청년들에게는 1조

원, 청년수당 제도를 전면적으로 시행하는 데는 3조 원 정도가 들어요. 그런데 "1조만 사용하면 어떻겠습니까?" 여쭤 봐도 어르신들은 화를 내십니다. 이유가 뭘까요?

우리나라는 민주화 이후 황금기가 10년밖에 없었어요. 기억하실지 모르지만, 그때 N세대, X세대가 등장하고 소득이 계속 올라갔죠. 사람 하나에 의자가 하나씩 막 생기던 때. 그런데 딱 10년밖에 못 그랬어요. 해외 선진국을 보면 그게 30년에서 길게는 50년 동안 지속되거든요. 적어도 한 세대가 그런 황금기를 충분히 경험하는 거죠. 그러면 그 삶의 경험이 녹아서 "내가 더 힘들어" 이 소리 잘 안 하게 됩니다. 하지만 좋은 시절이 10년밖에 없던 우리나라는 정말로 다들 매번 힘들었던 거예요.

우리 어머니 아버지들은 60년대 대한민국의 산업 역군으로 사셨어요. 정말 10대 때 공장에 가서 오빠들 바라지를 했죠. 그리고 보통 20대 초반에 보통 결혼을 했어요. 그땐 네댓 명씩 낳잖아요. 지금까지 그 자식들 키우려면 악착같이 일을 해야 돼요. 그렇게 살았고, 버텼어요. 그렇게 대한민국을 만들고, 지키고, 바꿔 왔어요. 이 경험밖에 없는 거예요. '나도 이렇게 어려움을 견뎠는데 젊은이들이 나약해서 칭얼거린다'라고 생각할 수밖에 없는 거죠. 그 좋았던 10년의 경험은 굉장히 짧아서 기억을 바꾸지 못했어요. 힘들게 사는 게 당연하고, 이분들한테는 힘든 기억밖에 없어요. 사람이 정신적으로나 물질적으로 가난하면요,

포용을 할 수가 없습니다. 자기 자신을 예뻐하고 자존감이 있는 사람들이 타인을 존중할 수 있어요.

저도 저를 용서 못 했던 시기가 있어요. 그게 저한테는 커다란 질문이었던 때가 있었는데요, 제가 그 당시 가장 싫어했던 노래 제목이 '아픈 만큼 성숙해지고'였어요. 이런 사기가 어디 있나.(웃음) '아픈 만큼 무너지고'가 맞아요. 모두가 무너지는 꼴을 계속 보는 거예요. 나 자신까지 포함해서요. 다 무너지는 상황에서 누가 아프다고 그러잖아요? 그럼 "너만 아니라 나도 아파!" 이 소리가 절로 나와요. 그냥 무너지는 꼴만 보고 버티느라 이를 악물고 있는 겁니다. 그러다가 서른네 살 되었을 때, 갑자기 저를 용서하게 됐어요. '수미야, 너 참 약한 사람이야. 이 정도 버텼으면 됐지. 너도 너를 좀 예뻐해야지.' 이렇게 제가 진심으로 저 자신을 사랑하게 됐을 때 타인을 사랑하게 되더라고요. 당시 저는 처절한 노력을 했었던 것 같아요. 그래야 제가 살아남을 수 있었으니까요.

'사람은 약한데 그 정도 노력하고 버티면 됐지 더 이상 뭘 하나.' 이것을 제가 서른네 살 때쯤 스스로한테 속삭이게 되었을 때부터는 누구의 짐이 더 무겁고 누구의 짐은 덜 무겁다, 이런 생각을 안 하게 되었어요. '나 너무 힘들어요. 당신도 너무 힘들죠.' 이걸 인정하게 되는 순간이 있더라고요. 그래서 저는 각자에겐 자신의 짐이 있고, 그 짐이 가장 무겁다고 생각해요. 그런 생각을 가지기 위해서 굉장히 노력을 많이 했고요. 이건 특히 고립된 여성들에게, 그게 유일한 방법은 아니겠지만 그래도 좋은 방법인 것 같습니다. 노력을 하고, 경험을 공유하는 거죠.

하지만 여성들은 경험을 공유하기가 너무 힘들죠. 남성들은 징집이 되어서 좋든 싫든 집단적인 경험을 하잖아요. 집단적인 경험을 공유하면 서로를 격려할 수 있어요. 반면에 여성들은 육아와 출산을 개별적으로 경험해요. 개별적인 경험을 갖는 여성들은 정치 행위를 할 수가 없습니다. 보고 듣고 말하기를 할 수가 없어요. 온라인이라는 수단도 있지만 아직은 불안정성도 있잖아요.

서로를 격려한 경험이 있으신지 모르겠지만, 자기가 힘들 때는요, 자기와 같은 어려운 처지의 동성 친구를 보면 끔찍하기도 해요. 내 꼴을 보는 것 같아서……. 같이 학생운동을 했던 남자 친구는 되게 많은데 여자 친구들은 아주 극소수예요. 국이, 민석이, 희룡이(웃음) 다 제 친구들이에요. 그 친구들은 공인으로서 어쨌든 뭔가에 도전을 해봤잖아요. 제 소중한 여자 친구들은, 이름이 없어요. 공인으로서는 제가 거의 유일하고, 그래서 다들 신기해해요. 한동안은 서로 만나지도 않았어요. 서로의 꼴을 보는 게 끔찍해서. 약자는 서로를 품어 주기가 굉장히 힘듭니다. 자기 자존감을 찾는 것조차 힘드니까요. 그런 약자들이 어떻게 서로를 격려할 수 있을까요. 저는 성공한 사람들이 자신의 성공이 어떤 의미를 지니고 있는지, 자기가 지금 약자인 그분들을 위해 무엇을 할 수 있는지를 질문하는 것이 굉장히 중요하다고 생각해요. 그래서 저도 계속 질문을 하는 거예요. 제가 무엇을 하면 좋을지.

> 청중 2 오랜 경험과 생각을 응축해서 말씀해 주셔서 숨 가쁘게 들었고요, 부분 부분을 펼쳐서 이해하려면 20년은 걸리겠구나 생각하며 감사히 들었습니다. 아까 말씀 중에 "나는 건드려도 내 후배를 건드리는 건 안 된다" 그리고 "여성들 간의 네트워크"라면서 넘어간 그 부분에 대해 좀 더 여쭤 보고 싶어요. 나를 건드리는 것은 왜 괜찮은지 저는 묻고 싶고, 네트워크라고 표현하신 것에 대한 설명을 듣고 싶습니다. 뭔가…… 내리사랑 네트워크인가요.(웃음)

은 저희 세대가 여성이 차별받는 게 당연한 세대였다고 말씀드렸죠. 굉장히 익숙해요. 그 시대에서 살아남는 방법을 생각했지, 솔직히 그걸 넘어서고 싸우겠다는 생각을 하지 못했습니다. 그 싸움이 우리 시대에 허락된 것이 아니라고 포기했어요. 그 포기가 옳았다고는 확신하지 못하지만, 적어도 그게 포기였다는 사실만은 인식하고 있습니다.

그런데 바로 내가 포기했기 때문에 내 다음 세대가 무슨 짓을 당할지도 알아요. 그래서 저는 포기했지만 도전을 지원해 드리고 싶다는 생각이에요. 우리가 민주화 운동을 할 때 여성 문제가 있었어요. 죄다 덮었어요. 나는 이걸 가지고 싸울 능력이 없다고, 저는 판단했어요. 하지만 저희 후배들까지 포기하게 하지는 않겠다는 거예요. 이제는 거기서 새로운 시대정신이 나올 수도 있다고 생각합니다. 잘한 건지, 못한 건지, 제가 무능력한 건지는 잘 모르겠어요. 다만 내가 무엇을 포기했는가는 분명히 알고 있고, 그래서 여러분은 포기하지 않으셨으면 좋겠어요.

여러분이 포기하지 않으실 수 있도록 제가 무엇인가를 하고 싶어요. 그걸 '네트워크'라는 말로 표현한 거죠. 그런 네트워크가 있으면 좋겠어요. 서로를 응원하고 서로를 격려하고 새로운 미래를 꿈꾸는 네트워크면 좋겠고, 거기엔 포기한 자에 대한 용서와 포기하지 않는 자의 도전이 같이 있었으면 좋겠어요.

박 사회자의 본분을 잊고 박수를 치고 싶네요.(박수)

청중 3 말씀 잘 들었습니다. 방금 내용과 이어지는 질문을 드리려고 해요. 과거에 그럴 수밖에 없었다는 것에 대해 이해하고, 똑같은 것을 후배들이 겪지 않았으면 해서 지원하시는 건 좋은데, 저희 입장에서는 좀 답답하고 선배들을 이해할 수 없기도 합니다. 과거를 반성하거나 부정하시라는 건 아니에요. 다만 지금 할 수 있는 것을 자리에서 조금씩이라도 해나가는 모습을 보여 주시면 그거야말로 힘이 된다고 저는 생각하거든요. 그런 점에서 아까 의원님 말씀하신 것 중 노래방 도우미 부분이 충격이었습니다. 권력이 있고 그런 일을 하지 않아도 될 것 같은 분들조차 그런 식의 문화에 들어갈 수밖에 없다는 게, 결국에 다 똑같다는 생각이 들기도 하고요.

저는 우리나라의 가장 큰 문제가 기득권이라고 생각하는데, 특히 아까 말씀하신 87년에서 97년까지 10년 동안 의자가 늘어나는 동안 그 의자를 자기 것으로 생각하고 기득권을 늘려 간 사람들이 더 많아졌어요. 그런데 97년이 넘어가고 2007년이 되면서, 그 이후에 온 세대들은 더 가질 게 없어지는 거예요. 그래서 말씀드리고 싶은 게, 후배들을 지원하는 것에 더해서, 선배들이 큰 것이 아니라도 우리가 이건 다시 생각해 보자, 오늘부터라도 바꾸자 해야 변화가 일어난다고 생각하는데요.

은 맞는 말씀입니다. 제가 한 가지 덧붙이자면, 전에 특강을 할 때 청년 한 분이 50~60대, 40~50대들이 그냥 양보 좀 하면 안 되냐고 얘기하시더라고요. 거기에 대한 저의 대답은 이랬습니다. "인류 역사상 기득권을 그냥 내놓는 경우는 없어요. 기득권은 빼앗는 거예요."

요즘 젊은 친구들은 제 앞에서 얼마나 정중한지 모릅니

다. 전 이게 익숙하지가 않아요. 그래서 아예 대놓고 이야기해요. 저처럼 여러분을 지원하겠다는 사람 앞에서도 "당신이 가진 모든 것을 내놓아라. 내가 당신의 모든 것을 빼앗을 거다"라고 말하라고요. "정말 불온해지십시오." 이젠 이렇게 과감하게 이야기합니다. 제가 여러분을 지원하겠다는 건, 더 불온해지도록 지원하겠다는 겁니다.

여러분이 불온해질 수 있으려면, 하늘을 날았다가 땅에 떨어져 죽지 않아야 되잖아요. 제가 청년수당 문제나 사회보장 문제에 그렇게 관심이 많은 이유는, 기본적인 게 있어야만 날아오를 수 있기 때문이에요. 하늘을 나는 사람들을 만들려면 두 가지가 필요해요. "날아오르십시오"라고 응원하는 것과 "당신이 떨어지는 한이 있어도 기본 삶은 될 겁니다"라는 확신을 주고 안전망을 만드는 것. 적어도 이건 해드려야 되는 거예요. 제가 지금 날아오르라고 말씀드린 건 이야기를 유순하게 한 거예요. 빼앗으세요. 저희의 권리를 빼앗으십시오. 내놓으라고 요구하세요. 또 하나, 앞으로 여러분의 시대를 쟁취한 뒤 여러분에게 똑같이 "빼앗겠습니다"라고 요구하는 세대를 만드세요. 저희 세대의 가장 큰 문제는 그거예요. "내 것을 빼앗아라"라고 이야기하지 못한 것. 그리고 내 것을 빼앗는 세대를 만들지 못한 것. 제 세대의 가장 큰 부끄러움입니다.

그래도 제가 제 세대에 대해 존중하는 점이 있어요. 자신의 문제에 정면으로 도전해 봤다는 것이죠. 단 한 번도 기득권은 거저 내놓는 법이 없습니다. 비아냥이나 정치 불신으로 빼앗을 수 없습니다. 당당하게 빼앗을 방법을 생각해 보세요. 기득권은 굉장히 강해요. 김영란법이 곧 시행되죠. 그거 설득해서 된 게 아닙니다. 그 흐름, 빼앗길 수밖에 없는 흐름이 있었기 때문에 된 거예요. 그 정도 힘 이상이 안 되면 언제나 구세력이 권력을 갖게 되어 있어요. 그럼 그 구세력이 권력을 갖지 못하게 하는 방법이 뭘까 고민하는 게 맞고요, 그것에 지원을 해드리는 것이 저 같은 사람의 역할이라고 생각해요. 아직 그것이 무엇일지를 고민하고 있을 뿐이지만요.

박 시간이 많이 흘렀는데요, 마지막으로 한 분과 더 이야기를 나눠 보도록 하겠습니다.

청중 4 들으면서 제 머릿속에서 계속 충돌하는 생각이 있었어요. 의원님은 개혁적이고 도전적으로 살아오셨지만, 그게 여성 일반에 적용되기란 좀 어렵다는 거죠. 저도 지금 남성이 굉장히 많은 회사에서 일하고 있고, 거기서 성희롱이나 차별을 당하는 것이 익숙한 소수자로서 살아왔어요. 그게 익숙한 상황에서, 지원해 주겠다고 말씀하시긴 했지만, 도전했다 떨어져도 죽지 않을 안전망을 만들어 주겠다고 말씀하시긴 했지만, 그게 현실적으로 어떤 방법이 될지 그려지지가 않아요. 당사자 입장에서는 계속 도전하는 삶을 산다는 게 현실과 충돌하는 면이 있다고 생각하거든요. 현실적인 측면에서 어떻게 생각하시는지, 구체적인 방법을 말씀해 주시면 좋겠습니다.

은 할 수 없을 땐 하지 마세요. 전 그것 때문에 갈등하지 마시라고 이야기해요. 항상 내 아픈 삶이 가장 존엄한 거거든요. 전 그걸 하지 않는 경우에, 혹은 할 수 없는 경우에 하라고 이야기하지 않아요. 다만 다른 사람의 삶을 존중해 주셔야 된다고 생각해요. 저도 다른 길은 못 갈 사람이에요. 그렇잖아요? 내 길만이 옳다는 건 아니거든요. 말씀하신 것처럼 날아오르는 건 너무 힘든 일이고 감당하기 어려워요. 다만 저는 이걸 감당할 수 있는 사람인 거예요. 그런 사람은 그냥 감당을 하면 돼요. 그게 자기의 즐거움이고 자기의 몫이에요. 희생정신이 아니라고요. '내가 왜 희생해야 되지?' 생각하는 순간 하지 말라고 저는 말씀드리고 싶습니다.

제가 정치를 하는 것은 희생이라고 생각하지 않기 때문이에요. 원래는 정치를 계속할 생각이 없었어요. 정치를 계속한다는 게 나한테는 희생이라고 생각했었거든요. '더 이상 이렇게 더러운 정치판에서 계속하고 싶지 않아' 이런 생각이 매우 강했죠. '수미야, 할 만큼 했잖아. 뭘 또 더 포기하겠다는 거야.' 왜냐면 국회의원 됐더니 발레도 못 보지, 영화도 못 보지, 하이킹도 못 하지, 아무것도 못 해요.

심지어 연애도 못 하죠. 물이 안 좋아서.(웃음) 그러니까 희생한다는 생각이 드는 거예요. 내가 다시 전으로 돌아가면 업계 전문가로 살 텐데 왜 정치판에서 이 짓을 해야 되지? 그러다가 '이게 희생이 아니다, 내가 좋아서 하는 거다'라고 생각하기까지 2년 걸렸어요. 그러니까, 원해서 하는 거예요. 제가 각별히 여러분을 위해서 희생하는 게 아닌 거예요. 이 일이 제 삶에 가치를 주고요, 제가 이 일을 감당할 수 있는 거예요. 그렇다면 제대로 감당하자고요.

그런 말씀을 드리는 겁니다. 자기 삶의 문제를 제대로 감당하면 돼요. 그걸로 충분해요. 누구는 더 감당하고 누구는 덜 감당한다고 생각하지 않아요. "너는 이렇게 감당하고, 너는 저렇게 감당하는구나. 그럼 우리 미래는 이렇게 하면 되겠네." 이 정도로 서로 격려하면 충분해요. '내가 그걸 못한다'라고 생각하지 마세요. 안 되는 건 안 되는 거예요. 정말 자기의 삶이 얼마나 소중한지 몰라요. 다만 남의 소중한 삶에 대해서도 존중하는 태도가 필요하다는 거죠. 지금 할 수 있는 일이 타인을 존중하고 타인의 이야기에 귀 기울이는 것이라면, 그것을 하시면 돼요. 그것만으로 충분해요. 그 이상을 할 수 있는 기회가 있을 거예요. 지금 당장 방법이 안 보인다면, 기다리세요. 저는 그렇게 생각해요.

박 네, 시간이 많이 흘렀는데요. 마무리 말씀 부탁드립니다.

은 저에게도 오늘 즐겁고 의미 있는 시간이었습니다. 또다른 질문도 안고 돌아가고요. 저는 앞으로도 약자의 발언이든, 여성의 발언이든, 의회 의원으로서의 발언이든 많은 말을 할 것이고, 그 말에 책임지기 위해 노력할 겁니다. 사람들의 입을 막으려고 하지 말았으면, 말하는 것에 대해서 건방지다고 생각하지 않았으면 좋겠습니다. 저 역시 그럴 거고요. 아마 여성분들 중에 사회 활동 하시는 분들, 그런 경험들 하실 거예요. 여성의 발언에 대해서 건방지다는 평가 많이 들으시죠.

제가 혹여나 정치적으로 더 성장해서 저보다 어린 친구들로부터 도전을 받게 된다면, 정말 '말'을 할 수 있도록 하고 싶어요. 저한테 얼마든 도전해도 상관없어요. 혹시라도 제가 볼 때 정말 건방지고 '싸가지 없다'고 생각되더라도 그렇게 가야 되는 게 맞아요. 여러분의 길을 응원합니다.

박 제가 더 긴 말 보태지 않겠습니다. 지금까지 은수미 의원이었습니다.(박수) 이 행사에 함께해 주신 분들이 질문을 해결하는 게 아니라 그 질문을 다시 자기 안으로 가져갔으면 좋겠다는 이야기를 나눴었는데, 오늘 이 자리가 바로 그런 자리 아니었나 싶어 너무나 기쁩니다. 함께해 주신 여러분 고맙습니다.

여성의 일, 새로고침

초판 1쇄 발행 2017년 1월 3일

지은이	곽정은·김희경·김현정·장영화·은수미
펴낸이	정동윤
기획	롤링다이스
디자인	우유니게
교정	홍상희
사진	박상환

펴낸곳	닐다 × 롤링다이스
등록	2016년 2월 29일 제 25100-2016-000021호
주소	경기도 고양시 덕양구 삼송동 84-64 D동 401호
전화	070-8161-8004
팩스	0303-3443-8004
이메일	nildapub@gmail.com

ISBN   979-11-959782-0-5 (03300)

이 도서의 국립중앙도서관 출판예정도서목록(CIP)은 서지정보유통지원시스템
홈페이지(http://seoji.nl.go.kr)와 국가자료공동목록시스템(http://www.nl.go.kr/
kolisnet)에서 이용하실 수 있습니다.(CIP제어번호: CIP2016031135)

기획 대담 〈여성의 일, 새로고침〉 행사는 서울혁신파크 리빙랩 공모 사업의
일환으로 협동조합 롤링다이스가 기획·주최하였습니다. 이 행사는 온오프믹스에서
홍보협조해주셨습니다.